AF597744

Víctor Rahola

Prólogo Foreword: Josep Quetglas

Fotografías Photographs: José Hevia

Índice

Contents

Corríem pel mig del carrer, Balmes amunt, entre Pelayo i José Antonio.

Un que anava davant meu, sense aturar de córrer, es va acotar per recollir qualque cosa d'en terra, i cridava, mostrant-la en alt:

—Eh!, qui ho ha perdut?

—Són d'un amic —vaig dir—, jo les hi tornaré!

Era un manat de claus, i n'havia reconegut el clauer. Pocs dies abans, casualment, en Víctor, acabat de conèixer, me l'havia mostrat: un clauer de plata amb figura precolombina, arribat de Mèxic, present de parents exiliats.

Seguírem corrent pel mig dels carrers, el 1964, i el 1965, i el 1966...

A una foto es pot veure l'avi d'en Víctor, primer batle republicà de Barcelona, acollint Le Corbusier en nom de la ciutat.

Barcelona no ha tingut mai una veritable Escola d'Arquitectura. Tampoc ara, amb més raó, quan ja no són necessaris els arquitectes. En aquell temps, quan l'arquitectura encara era un ofici, per aprendre'l s'anava als despatxos.

José Antonio Coderch, aquell on l'anti-intel·lectualisme va ser signe de màxim refinament cultural, aquell on l'emmudiment de l'estil plàstic —la persiana i la paret que clouen tota comunicació— era la més clara declaració d'allò que es podia esperar del món i del temps. Coderch, aïllat per l'arribisme, adjectivat d'excèntric, com també Josep Maria Sostres. Però va ser Coderch qui recollia i feia viure, dins i des del seu despatx mut, l'herència del moviment modern, sense necessitat d'escenaris ni discursos. És al despatx de Coderch on s'anaren formant generacions d'arquitectes, des de Federico Correa i Ricardo Bofill, fins a Josep Llinàs i Víctor Rahola.

Fa anys, comentant l'ampliació que havia fet en Víctor de l'ajuntament de Sant Esteve Rosalia (sic), vaig qualificar-lo com "el darrer arquitecte noucentista".

Noucentista és l'arquitectura de Víctor Rahola, com noucentista va ser el GATCPAC, la lliçó de Coderch o la prosa de Josep Pla: arrelament al sòl, saviesa constructiva, sentit comú en els usos, civilitat; amb algun irònic llamp formal, inesperat, just per sacsejar la prevista normalitat, tal la mar a l'Alt Empordà.

Com qui es posa a córrer pel mig del carrer, quan són molts.

Josep Quetglas

Prólogo

Josep Quetglas

Corríamos por en medio de la calle, Balmes arriba, entre Pelayo y José Antonio.[1] Uno que iba delante de mí se agachó, sin parar de correr, recogió algo del suelo y se puso a gritar, mostrándolo en alto:

—¡Eh!, ¿quién lo ha perdido?
—¡Son de un amigo —dije—, yo se las devolveré!

Era un manojo de llaves, y reconocí su llavero. Pocos días antes, Víctor, a quien acababa de conocer, me lo había enseñado, casualmente: un llavero de plata con una figura precolombina, llegado de México, regalo de parientes exiliados. Y seguimos corriendo por en medio de las calles, en 1964, 1965, 1966...

Hay una foto de 1932 en la puede verse al abuelo de Víctor, primer alcalde republicano de Barcelona, recibiendo a Le Corbusier en nombre de la ciudad.

Barcelona nunca ha tenido una verdadera Escuela de Arquitectura. Tampoco ahora, con mayor razón, cuando ya no son necesarios los arquitectos. Por aquel entonces, cuando la arquitectura todavía era un oficio, para aprenderla se iba a los despachos.

José Antonio Coderch, para quien su antiintelectualismo fue signo de un máximo refinamiento cultural, para quien el enmudecimiento de su estilo plástico —la persiana y la pared que cierran toda comunicación— era la más clara declaración de lo que cabía esperarse del mundo y del tiempo... Coderch, aislado por el arribismo, tildado de excéntrico, como también le ocurrió a Josep Maria Sostres... Pero fue Coderch quien recogió e hizo vivir, desde la mudez, desde dentro y hacia fuera de su despacho, la herencia del movimiento moderno, sin necesidad de escenarios ni discursos. Fue en el despacho de Coderch donde se fueron formando generaciones de arquitectos, desde Federico Correa y Ricardo Bofill hasta Josep Llinàs y Víctor Rahola.

Hace años, comentando la ampliación que Víctor había hecho de un pequeño ayuntamiento, lo califiqué como "el último arquitecto *noucentista*".[2] *Noucentista* es la arquitectura de Víctor Rahola, como *noucentistes* fueron el GATCPAC, la lección de Coderch o la prosa de Josep Pla: arraigo al suelo, sabiduría constructiva, sentido común en los usos, civilidad; con algún sobresalto formal, inesperado, lo justo para sacudir cualquier previsión de normalidad, como el mar en el Alt Empordà.

Como quien se pone a correr por en medio de la calle, cuando son muchos.

---

1 Nombres de calles de Barcelona, en tiempos de Franco.

2 El *Noucentisme* fue un movimiento artístico y cultural en Cataluña de principios del siglo XX.

Foreword

Josep Quetglas

We were running through the city, at the top end of Balmes Street, between Pelayo and José Antonio.

One lad in front of me bent down, without stopping, to pick up something from the ground, and he shouted as he held it up:

"Oi! Who's dropped this?"

"That's my mate's," I said. "I'll give it back to him!"

It was a set of keys, and I'd recognised the keyring. A few days beforehand, by coincidence, a boy I'd just met—Víctor—had shown it to me. It was a silver keyring with a pre-Columbian figure on it, sent over from Mexico, as a gift from some exiled relatives of his.

We kept running down those streets, 1964, 1965 and 1966...

There's a photo of Víctor's grandfather, the first Republican mayor of Barcelona, welcoming Le Corbusier on behalf of the city.

Barcelona has never had a real Architecture School. It still doesn't have one now, as is perhaps understandable, given that architects aren't necessary anymore. Back then, when architecture was still a real trade, apprentices would learn it on the job, in the studio.

José Antonio Coderch's anti-intellectualism represented the utmost cultural refinement, and his more subdued visual style—with blinds and walls that cut off all contact—was the clearest declaration of what could possibly be hoped for in the world at that time. Coderch was cast out by others' careerism and branded an eccentric, as was Josep Maria Sostres. But it was Coderch who revisited and revived, in and from his toned-down office, the legacy of modernism, with no need for grand stages or speeches. Coderch's office was where generations of architects learnt their trade, from Federico Correa and Ricardo Bofill to Josep Llinàs and Víctor Rahola.

Years ago, when commenting on Víctor's extension of the a little town hall, I referred to him as "the last *noucentista* architect".[1]

Noucentista is the architecture of Víctor Rahola, as was the GATCPAC, Coderch's teaching or Josep Pla's prose: rooted to the ground, constructive wisdom, common sense in uses, civility; with some ironic formal flashes, unexpected, enough to shake up the expected normality, just like the sea at Alt Empordà.

Just like someone running through the streets when they're packed full.

---

[1] *Noucentisme* was an early-20th-century cultural movement based in Catalonia, seen as a reaction to modernism. The term itself is a play on words: in Catalan, *nou* can mean both "new" and "nine" (i.e. the 1900s) [Translator's Note].

Introducción

La forma como voluntad de ser

1. Se nos propone, como tema de debate, "la vigencia o no de los conceptos 'forma' y 'orden' en la arquitectura, dado el imparable avance de una tecnología digital que, de la mano de sus correlativas corrientes filosóficas, ha favorecido una creciente fascinación por lo complejo y lo informe". La discusión sobre estos temas viene de lejos y se plantea de manera cíclica, especialmente con la aparición de determinados proyectos que, por su valor emblemático, han sido modelos para la arquitectura contemporánea. Que recuerde, la primera vez fue en 1956, con la iglesia de Ronchamp, de Le Corbusier. Más tarde vinieron la ópera de Sídney, de Jørn Utzon, y el Museo Guggenheim de Bilbao, de Frank O. Gehry. Todos estos ejemplos tienen un fuerte componente volumétrico no euclidiano que ha llevado a soluciones estructurales de una enorme complejidad, por su cálculo y construcción.

La tradición había resuelto estas dos cuestiones a partir de geometrías regulares, de las que los nuevos sistemas de cálculo y métodos de producción de materiales permiten liberarnos para ofrecer un gran abanico formal. Con estos nuevos medios técnicos, proyectos como los de Gehry suelen estar caracterizados por una fuerte voluntad expresiva, que aprovecha su excepcionalidad tanto en lo que se refiere a su situación como a su finalidad programática. La destacada voluntad expresiva de dichos proyectos ha sido motivo de fuertes críticas, que acusan a los autores de haber abandonado el rigor geométrico en aras de una posición subjetiva en la que su voluntad expresiva está por encima de la racionalidad material y funcional.

2. En 1962, Louis I. Kahn publicó un artículo titulado "La forma y el diseño" en el que, a partir de un diálogo con un alumno, se preguntan acerca de la relación entre el sentimiento y el pensamiento como impulsores del acto creativo. El artículo comienza interrogándose sobre una situación habitual que puede experimentar cualquiera que se inicie en la práctica de una determinada disciplina:

Introduction

Form as the Will to Be

1. A topic has been proposed for us to debate, namely "the validity or otherwise of the concepts 'form' and 'order' in architecture, in view of the unstoppable rise of digital technology, which, along with its corresponding philosophical currents, has given rise to an increasing fascination with the complex and the irregular".

These issues have been under discussion for a very long time, and the debate comes around again and again, especially following the emergence of certain iconic projects that have served as models for contemporary architecture. If I remember rightly, the first time this matter came up was in 1956, with Le Corbusier's Ronchamp chapel. Later on came Jørn Utzon's Sydney Opera House and Frank O. Gehry's Guggenheim Museum in Bilbao. All these examples have a strong, non-Euclidean volumetric component, which required structural solutions of enormous complexity, in terms of both their calculation and construction.

Architecture had long resolved these two matters by using regular geometries. However, the new calculation systems and innovative methods for producing materials freed us from such constraints, so a wider range of forms became possible. In light of these new technical means, projects like those of Gehry usually have a bold expressiveness: they flaunt their own exceptionality, both in terms of their location and the building's purpose. The strikingly expressive drive of such projects has drawn strong criticism, whereby the architects are accused of having abandoned geometric rigour in order to take a subjective stance in which their own urge for expression takes precedence over material or functional rationality.

2. In 1962, Louis I. Kahn published an article titled "Form and Design", in which, via a dialogue with a student, the relationship between feeling and thought (as the instigators of the creative act) was discussed. The article begins by examining a situation often experienced by those starting out in the practice of any given discipline:

> Un joven arquitecto vino a plantearme una cuestión: "Sueño con espacios maravillosos, espacios que se elevan y se envuelven con fluidez, sin principio ni fin: hechos de un material sin juntas, blanco y oro. Pero cuando trazo la primera línea en el papel para capturar ese sueño, este se convierte en algo venido a menos".[1]

3. En 1973, justo al acabar la carrera, mi padre me encargó una casa para la familia en un terreno entre Cala Monjoï y Cap Norfeu, en Roses, Girona. Este primer encargo, que suponía intervenir en un paisaje de una extraordinaria belleza, me obligó a preguntarme sobre la forma como un hecho positivo.

El problema no era tanto resolver las cuestiones visibles, sino saber cómo quería que fuera la nueva construcción en ese lugar y cuál debía ser su "voluntad de ser". En este sentido, mi aprendizaje en el estudio de José Antonio Coderch fue una ayuda inestimable para entender las contradicciones que existen entre los sueños y la realidad construida. El resultado final es un híbrido de aciertos y errores que a lo largo de los años han estado presentes para formar una experiencia en la que me he podido reconocer.

4. Volviendo al joven arquitecto del artículo de Kahn:

> Centrémonos en el sentimiento y dejemos el pensamiento. En el sentimiento está la psique. El pensamiento es el sentimiento y la presencia del orden. El orden, creador de toda existencia, no tiene ninguna voluntad de existir [...]. Esta voluntad está en la psique.
> Todo lo que deseamos crear tiene su comienzo únicamente en el sentimiento. Así ocurre con los científicos y así ocurre también con los artistas. Pero ya he advertido que quedarse en el sentimiento y alejarse del pensamiento significa no hacer nada [...].
> La percatación es la confluencia del pensamiento y el sentimiento en la relación más estrecha de la mente con la psique, el origen de *lo que una cosa quiere ser.*
> Este es el comienzo de la forma.[2]

El diálogo entre pensamiento y sentimiento abre las puertas a plantearnos la aparición de la forma a partir de los dos hemisferios contrapuestos, donde cada uno interviene sobre ella desde dos concepciones distintas: desde la *forma sentida* —es decir, a partir de la inmediatez del sentir— y desde una *argumentación formal* —o sea, a partir de la lentitud de un razona-

> A young architect came to ask a question. "I dream of spaces full of wonder. Spaces that rise and envelop flowingly without beginning, without end, of a jointless material white and gold. When I place the first line on paper to capture the dream, the dream becomes less."[1]

3. In 1973, when I graduated, my father commissioned me to build a house for the family, on a plot of land between Cala Monjoï and Cap Norfeu, in Roses, Girona. This first commission, which meant building upon an extraordinarily beautiful landscape, forced me to question form as a positive fact.

The tricky part was not so much about designing the visible things, but rather working out what I wanted this new construction to be like in that setting, how to define its "will to be". In this sense, what I'd learnt in José Antonio Coderch's studio was so valuable to me, in terms of understanding the contradictions that exist between fantasy and the built reality. The end result is a hybrid of good choices and mistakes: they have stayed with me over the years, and I eventually felt comfortable and satisfied with my own work.

4. Going back to the young architect in Kahn's article:

> Turn to Feeling and away from Thought. In Feeling is the Psyche. Thought is Feeling and presence of Order. Order, the maker of all existence, has No Existence Will [...]. This Will is in the Psyche.
> All that we desire to create has its beginning in feeling alone. This is true for the scientist. It is true for the artist. But I warned that to remain in Feeling away from Thought means to make nothing [...].
> Realization is the merging of Thought and Feeling at the closest rapport of the mind with the Psyche, the source of *what a thing wants to be.*
> It is the beginning of Form.[2]

The dialogue between thought and feeling allows us to consider the emergence of form as coming from two opposing hemispheres that each exert their influence through their distinct conceptions: via *feeling-based form* (i.e. form shaped by the immediacy of feeling) and via *formal argumentation* (form shaped by a slow, ordering kind of reasoning). *Feeling-based form* is based on the freedom of will, with no barrier to provide order. *Formal argumentation*, meanwhile, comes from geometric abstraction. The dialogue between these two polar opposites is what brings about the necessary tension to initiate the formal process of any project.

miento ordenador—. La *forma sentida* se propone desde la libertad de la voluntad, donde no existe impedimento alguno que ordene, mientras que la *argumentación formal* se propone desde la abstracción geométrica. El diálogo entre ambos polos provoca la tensión necesaria para iniciar el proceso formal de todo proyecto. En este diálogo, la forma está viva y avanza con las dificultades propias de toda concepción.

5. Mi postura reivindica la forma como algo imprescindible en el presente, el pasado y el futuro, como síntesis o resultado de lo que los seres humanos quieren crear con su voluntad y la racionalidad surgida de las condiciones del acto de proyectar y construir. Cualquier artefacto refleja dicho diálogo, desde una cuchara hasta una casa.

Los sentimientos y los pensamientos son las actitudes y las acciones que considero necesarias para crear la forma en el sentido de que, en primer lugar, en el sentimiento se expresa la voluntad de ser de la forma y esta transmite carácter sin orden; y, en segundo lugar, el pensamiento es la forma estructurada y ordenadora.

6. El carácter es el signo esencial de una persona o una cosa, aquello por lo que es posible reconocerla o diferenciarla de las demás. Está presente en los tratados de la academia francesa de los siglos XVIII y XIX como un tema fundamental de la arquitectura. La noción de carácter se relaciona con la noción de sentimiento por su ambigüedad y su dificultad de saber de dónde surge exactamente. El carácter sugiere las diferencias entre seres o cosas aparentemente iguales, pero que poseen propiedades inmateriales distintas.

En el sentimiento, la forma no tiene una figura concreta. Su sustancia radica en nuestras vivencias, ambientes, atmósferas, afectos y emociones, que se imprimen en el carácter del objeto. Se trata de algo que no es visible, pero que puede reconocerse y diferenciarse del resto. Ejemplo de ello es el carácter de las personas, de la arquitectura mediterránea, de un pueblo, etc.

En el pensamiento, en cambio, la forma es abstracta, no tiene dimensión ni uso determinado. Impone orden y se concreta en geometrías que resuelven cuestiones como relaciones espaciales, estructurales, programáticas, etc. Resulta todo lo que puede ser comprendido y sistematizado racionalmente. Un ejemplo de ello son las tipologías, como es el caso del panóptico, que puede servir para prisiones, hospitales o escuelas.

In this dialogue, form *is alive* and it advances with all the struggles typical of any such conception.

5. My own stance is to defend form as something essential in the present, past and future. That is, I think of form as the synthesis or result of whatever it is that human beings want to create with their will, and with the rationality that arises from the conditions of the act of designing and building. All artifacts reflect this dialogue, from a spoon all the way up to a house.

As far as I'm concerned, feelings and thoughts are the attitudes and actions necessary to create form: firstly, in feeling, the form's will to be is expressed, and it gets across character without order; and secondly, thought is structured form, and it does provide order.

6. Character is the essential sign of a person or thing, and it allows us to recognise or differentiate them from other people or things. It is present in the 18th and 19th-century treaties of the French academy, and was considered a fundamental matter in architecture. The notion of character is related to the notion of feeling: they are both ambiguous, and it is hard to work out exactly where they come from. Character hints at the differences between beings or things that are seemingly alike, but that in fact have distinct immaterial properties.

In feeling, form does not have any particular figure. Instead, its substance resides in our experiences, environments, atmospheres, affects and emotions, all of which become imbued with the object's character. This is not a visible phenomenon, but it can be recognised and told apart from the rest. An example is the character of individual people, of Mediterranean architecture, of a village, etc.

In thought, however, form is abstract: it has no dimension or particular use. It imposes order and is materialised in geometries that solve matters such as spatial, structural or programmatic relations, etc. It is everything that can be rationally understood and systematised. Typologies are an example of this, such as the panopticon, which can be used for prisons, hospitals and schools.

In the entries for 'character' and 'form' in the book *A Pianist's A-Z*, Alfred Brendel states:

> **Character.** For me, it has always been the dualism of form and psychology, structure and character, intellect and feeling, that determines music-making [...].

En las entradas *carácter* y *forma* de su libro *De la A a la Z de un pianista*, Alfred Brendel dice:

> **Carácter.** En mi opinión, el dualismo entre estructura y carácter, entre entendimiento y sentimiento, ha determinado siempre la ejecución de las piezas musicales [...].
> Por otra parte, conviene hacer una advertencia a los músicos que confían totalmente en el sentimiento: aunque reconozcamos el sentimiento como punto de partida y meta de la música, no debemos olvidar que el control, el filtro del entendimiento, hace posible la obra de arte. El caos debe convertirse en orden.
>
> **Forma.** Desde mi punto de vista, la forma y el carácter no son gemelos idénticos. La forma y estructura de una pieza musical son visibles, verificables, en la partitura escrita por el compositor. El otro gemelo solo puede experimentarse. El hecho de que la forma pueda verificarse induce a subordinarla al gemelo invisible.[3]

Los pasajes de Brendel ofrecen una nueva dimensión al problema. Brendel no busca una jerarquía de valores para determinar dónde hay más o menos artisticidad, sino que dice que tanto el sentimiento como el pensamiento, siendo gemelos diferentes, deben estar presentes para construir la forma.

7. La radical diferencia entre los dos modos de proceder —sentimiento y razonamiento— obliga a investigar la forma en ambas direcciones para conseguir que una obra emocione.

Por ejemplo, la basílica de Santa Maria del Mar, en Barcelona, nos emociona por su enorme sentido espacial, aunque podemos leer el orden del entramado geométrico gótico. En la cripta de la colonia Güell, de Antoni Gaudí, el desequilibrio perceptivo es evidente, existe la voluntad de esconder el orden e invitar a percibir un caos, a pesar de su simetría.

8. Para concluir, quisiera narrar un hecho que me contó mi padre cuando yo era pequeño:

> El 19 de julio de 1936, en la plaza de Sant Jaume, mientras unos descamisados quemaban el mobiliario de la casa de la familia Milà Camps, conde de Montseny, el presidente Lluís Companys gritaba desde el balcón de la Generalitat: "*¡Orden, orden!*". Se produjo una gran conster-

> On the other hand, musicians who entirely rely on their emotions, be warned: even if we acknowledge feeling as the starting-point and goal of music, we shouldn't forget that only the control, the filter of the intellect makes a work of art possible. Chaos has to be turned into order.
>
> **Form.** To me, form and character […] are nonidentical twins. The form and structure of a piece are visible and verifiable in the composer's text. The other twin has to be experienced. The visibility of form leads some to see the invisible twin as its subordinate.[3]

The above excerpts from Brendel offer a new perspective on the issue. Brendel does not seek a hierarchy of values in order to pinpoint where there is more or less artistry, but rather he says that both feeling and thought, as unidentical twins, should be present in order to construct form.

7. The radical difference between the two approaches — i.e. feeling and reasoning — obliges us to investigate form in both directions, if we seek to create a project that rouses emotion.

For example, the Church of Santa Maria del Mar, in Barcelona, is awe-inspiring due to its vast sense of space, although we can make out the order of its Gothic, geometric framework. In Antonio Gaudí's Church of Colònia Güell, the perceptive disequilibrium is clear: there is a will to hide the order, inviting us to perceive chaos, despite its symmetry.

8. To conclude, I would like to recount something my father told me when I was little:

> On 19th July 1936, in Sant Jaume square, while some shirtless men were burning the furniture from the house of the Milà Camps family (i.e. the Count of Montseny), the president Lluís Companys shouted from the Palace of the Generalitat: "*Order, order!*" There was great consternation among those people below, completely convinced of what they were doing. Aware of this situation, Lluís Company shouted once more: *"Order, order!"* Within all this disorder.[4]

It is worth reflecting on how difficult it is to understand certain concepts within art, probably due to the ambiguity when it comes to reflecting on matters that combine feelings and thoughts, which are very much defined by interpretation. These difficulties also arise in other fields, as

> nación entre aquellas gentes, convencidas de lo que estaban haciendo. Consciente de la situación, Lluís Companys volvió a gritar: "*¡Orden, orden!*". Dentro del desorden.[4]

Es interesante comprobar las dificultades para comprender determinados conceptos de la actividad artística, probablemente debido a la ambigüedad que supone reflexionar sobre cuestiones en las que se mezclan sentimientos y pensamientos, y en las que una fuerte carga interpretativa tiene una presencia que la califica. Tales dificultades surgen en otros ámbitos, como refleja el hecho histórico mencionado, pero son definitorias de nuestra propia condición humana y, por tanto, de aquello que construimos con nuestro sentir y nuestro pensar.

> Seis meses después de estos acontecimientos, las colectivizaciones de la industria de guerra impulsadas por el anarquismo y ERC fueron una realidad y se impusieron nuevas formas sociales con un nuevo orden que partía de la lucha obrera. Tres años después de una guerra devastadora, la fuerza de las armas impuso un orden bajo un régimen militar fascista en el que será imposible volver a la forma republicana o libertaria; será un orden impuesto que durará cuarenta años en una España gris y sin *voluntad de ser.* [5]

Intervención leída en la ceremonia de ingreso de Eduard Gascón en la Reial Acadèmia Catalana de Belles Arts de Sant Jordi, Barcelona, 7 de octubre de 2015.

---

1 Kahn, Louis I., "Form and Design", en Scully, Vincent, *Louis I. Kahn*, George Braziller, Nueva York, 1962, pág. 114 (versión castellana: "La forma y el diseño", en Latour, Alessandra [ed.], *Louis I. Kahn. Escritos, conferencias y entrevistas*, El Croquis Editorial, Madrid, 2003, pág. 125).

2 Ibíd., págs. 125-126.

3 Brendel, Alfred, *A bis Z eines Pianisten: Ein Lesebuch für Klavierliebende*, Hanser, Múnich, 2012 (versión castellana: *De la A a la Z de un pianista: un libro para amantes del piano*, Acantilado, Barcelona, 2013).

4 Fontana, Josep, *La formació d'una identitat: una història de Catalunya*, Eumo, Vic, 2016.

5 Ibíd.

reflected in the historical occurrence mentioned above. They define our human condition and, therefore, they define what we construct with our feelings and thoughts.

> Six months after these events, the collectivisations of the war industry—inspired by anarchism and the ERC [the Republican Left of Catalonia]—became a reality, and new social forms were imposed with a new order based on the workers' struggle. Three years after a devastating war, the force of arms imposed an order under a fascist military regime in which it would be impossible to return to the republican or libertarian ways; an imposed order that would last forty years in a grey Spain without a *will to be*.[5]

Speech read at the admission ceremony of Eduard Gascón at the Sant Jordi Royal Catalan Academy, Barcelona, October 7, 2015.

---

1 Kahn, Louis I., "Form and Design" in Twombly, Robert (ed.), *Louis Kahn: Essential Texts*, New York/London: W. W. Norton & Company, 2003, pp. 62-63.

2 *Ibid.*, pp. 63-64.

3 Brendel, Alfred, *A bis Z eines Pianisten: Ein Lesebuch für Klavierliebende*, Hanser: Munich, 2012 (English translation: *A Pianist's A-Z: A Piano Lover's Reader*, London: Faber and Faber, 2013).

4 Fontana, Josep, *La formació d'una identitat: una història de Catalunya*, Vic: Eumo, 2016.

5 *Ibid.*

Ampliación de la biblioteca de la Facultad de Biología
Extension of the Biology Faculty Library

Barcelona, 2007-2008

El proyecto de la nueva biblioteca de la Facultad de Biología de la Universitat de Barcelona, proyecto realizado por el estudio en 1992, se desarrolla en dos niveles por debajo de la cota de la avenida Diagonal y organiza los accesos (tanto al edificio existente como a la ampliación) a través de una plaza pública común. La plaza se ha pensado como un foro para el descanso y la relación. En su parte central, un patio inglés sirve de entrada a la biblioteca y para darle luz.

Por su situación soterrada, la sección transversal fue clave. El estudio pormenorizado de la iluminación natural a través del patio inglés y dos grandes lucernarios longitudinales, que recorren todo el frontal norte —con el necesario vaciamiento de la estructura para crear dobles espacios que iluminan la planta inferior—, otorgan a la biblioteca el carácter sosegado necesario para el estudio. En el exterior, los lucernarios formalizan y conforman el límite de la plaza y la biblioteca.

The new Biology Faculty Library at the University of Barcelona, a project completed by the studio in 1992, has two floors, going beneath the street level on the Avinguda Diagonal. The faculty can be accessed via a public square, where the entrances to both the existing building and the extension are located. The square was designed to be a forum for rest and socialising. In its central part, a sunken courtyard provides access to the library, while also letting in light.

Given its underground position, the cross-section was key. The meticulous study of the natural light coming from the courtyard, as well as two large, lengthwise skylights that span the whole north-facing side—with the necessary freeing-up of the structure in order to create double-spaces that illuminate the lower floor—help create the required calm character of a library for study. On the exterior, the skylights formalise and shape the edges of the square and the library.

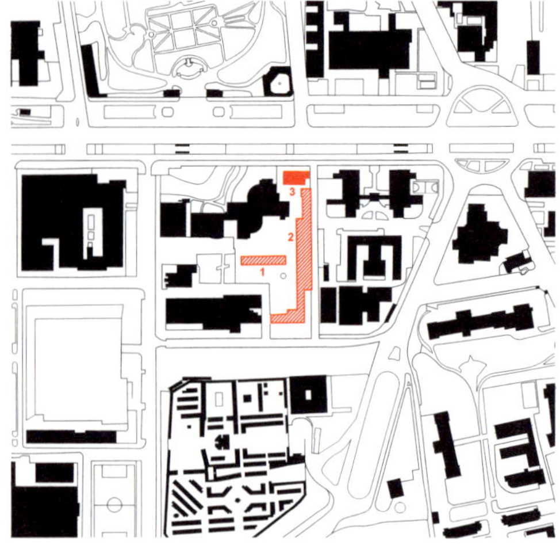

Ampliaciones sucesivas
Successive extensions

1. Invernadero Conservatory
2. Aulario Classrooms
3. Biblioteca Library

VAIO

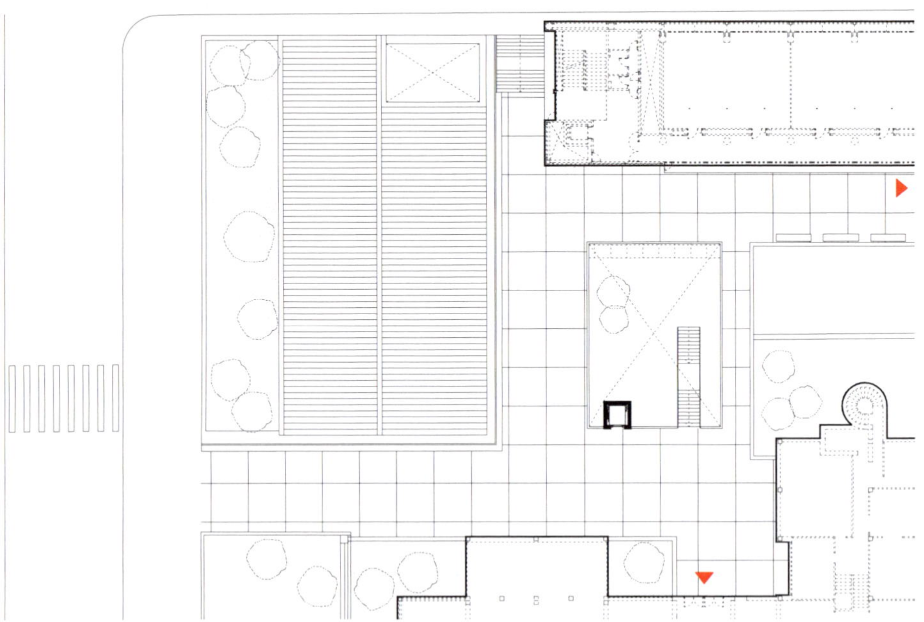

Planta baja **Ground floor**

Sótano primero **First basement**

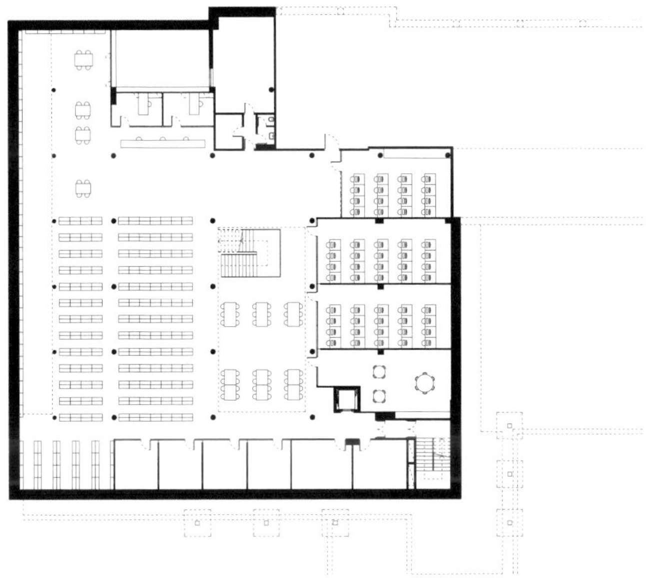

Sótano segundo Second basement

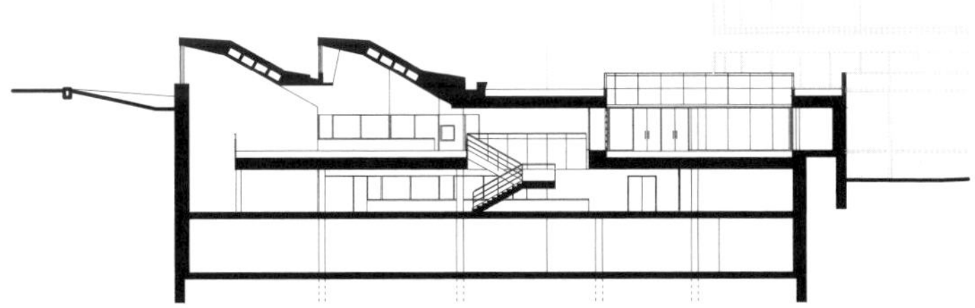

Sección Section

d'ordinadors

Ampliación de la Escuela de Hostelería y Turismo
Extension of Hospitality and Tourism School

Cambrils (Tarragona), 2005-2009

La propuesta consistía en ampliar la Escuela de Hostelería y Turismo —un proyecto realizado por el estudio entre 1986 y 1988— con unas aulas dedicadas al aprendizaje de la manipulación y el corte de productos cárnicos.

Poder tener una visión del horizonte del mar mientras se trabajaba desde el nuevo edificio fue determinante a la hora de tomar las decisiones proyectuales, de ahí que el pabellón se abra a esta mirada hacia la lejanía. Permitir este vínculo con el horizonte sin que su presencia distraiga durante las clases precisaba una respuesta eficaz que determinó la imagen exterior del pabellón. Para ello, se utilizó un revestimiento de fachada de plancha curvada y perforada que tamiza la luz y la visión, a la vez que su forma permite el mantenimiento de la parte acristalada.

The brief was to extend the Hospitality and Tourism School—a project carried out by the studio from 1986 to 1988—by adding some new specialised classrooms, in which students would learn how to handle and cut meat products.

Being able to contemplate the sea on the horizon, while working in the new building, was a determining factor when it came to making design decisions, and that's why the pavilion faces out in that direction. Allowing those inside to have a sea view, without being distracted by it during lesson time, required an effective solution that would end up shaping the whole exterior look of the pavilion. The façade was thus covered in curved and perforated metal sheets, which screen the light and some of the view, while its shape meant that the glazed part could be retained.

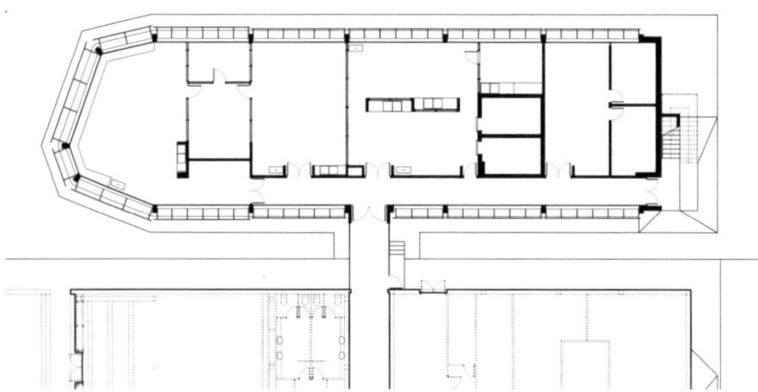

Planta baja Ground floor

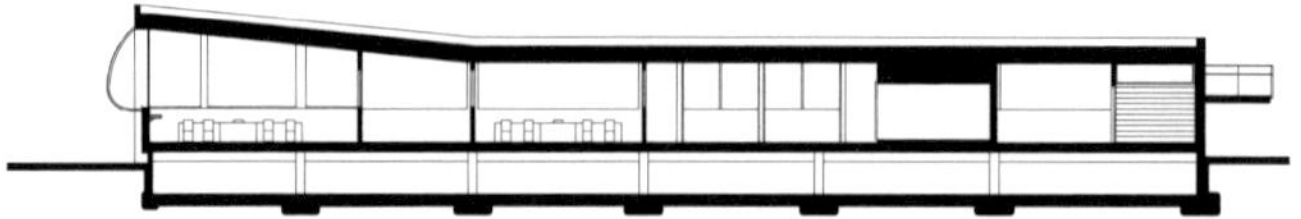

Sección longitudinal Longitudinal section

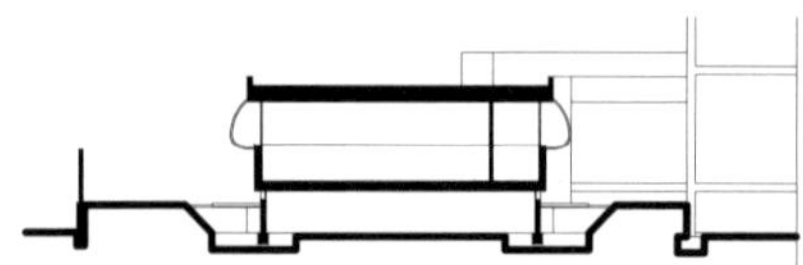

Sección transversal Cross-section

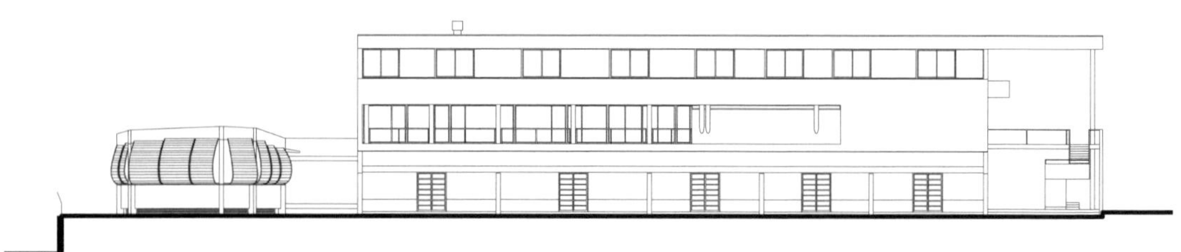

Alzado al mar Sea-facing elevation

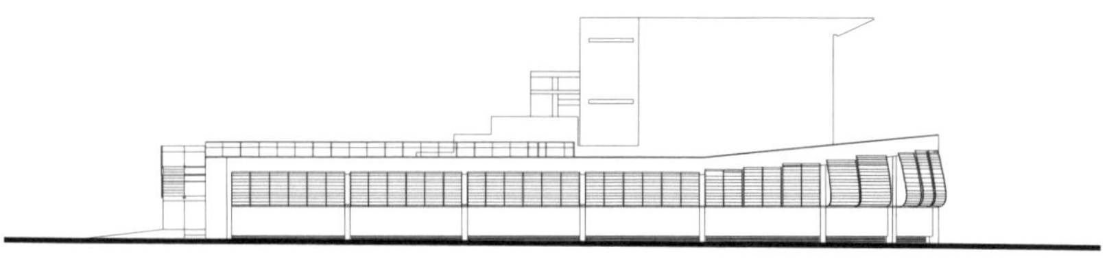

Alzado lateral Side elevation

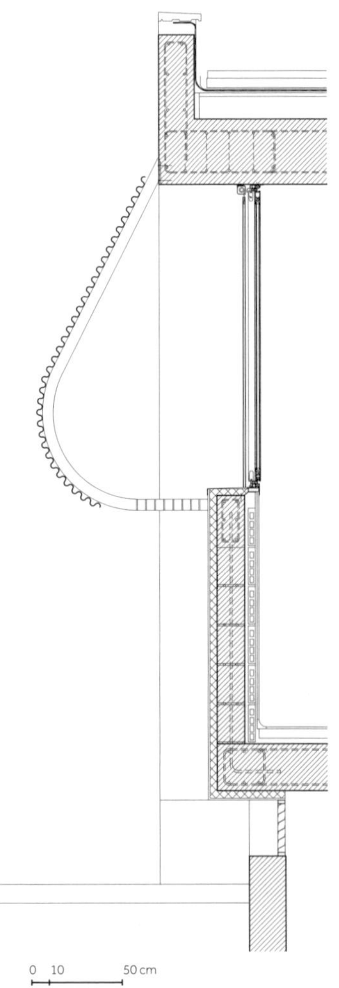
0 10 50 cm

Escuela infantil
Primary school

Sant Josep de sa Talaia (Ibiza), 2007-2009

Este proyecto, encorsetado en un solar de modestas dimensiones, se realizó durante un verano, en una libreta de croquis cuyas páginas contenían un pequeño juego arquitectónico: una pérgola de Le Corbusier, la maqueta de una casa con cubierta a cuatro aguas, los lucernarios de la iglesia Bagsværd de Jørn Utzon... De todas estas páginas surgió la forma definitiva del proyecto que podría describirse como un *patchwork* de todos esos juegos arquitectónicos.

This project, squeezed into a modest-sized plot, was designed over the course of one summer, in a sketchbook with pages that contained its own little set of architecture: a pergola by Le Corbusier, a sketch for a house with a hipped roof, the skylights at Jørn Utzon's Bagsværd Church, and so on. From these pages, the definitive form of the project emerged. It could be described as a patchwork of all those aforementioned architectures.

42

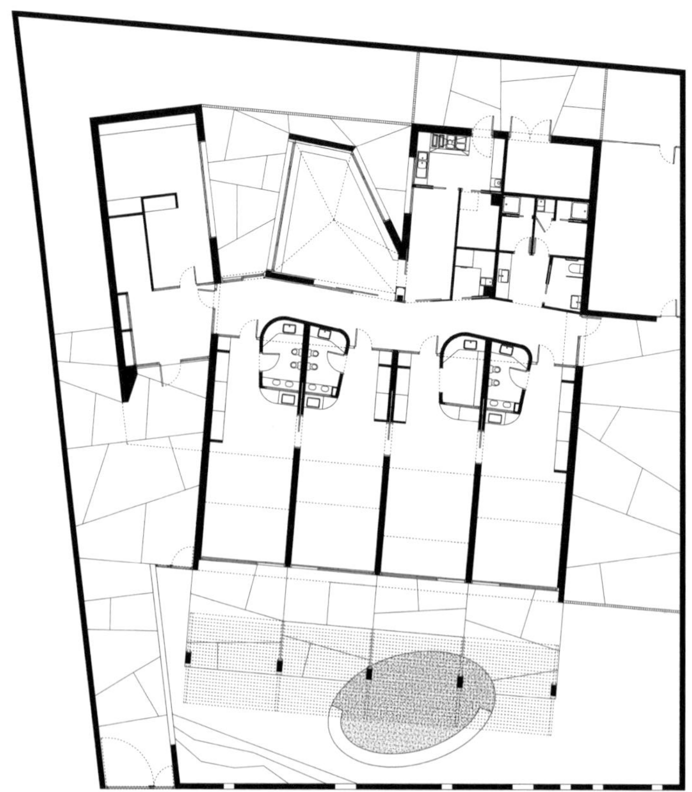

Planta baja Ground floor

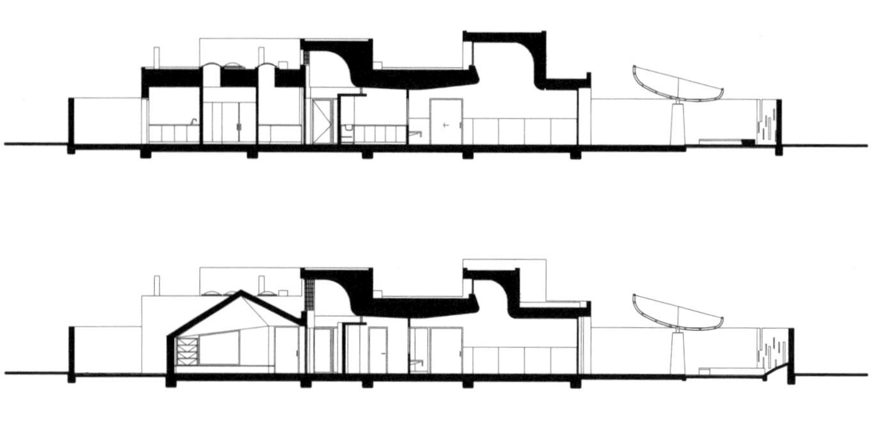

Secciones Sections

Edificio *collage*
Collage Building

Barcelona, 2009-2011

El edificio es un contenedor de infraestructuras de barrio —con una biblioteca, un centro cívico, una guardería y un auditorio— ubicado en una parcela del Eixample con dos fachadas, una que observa el ajetreo de la calle y la otra, el sosiego y la domesticidad del patio interior de manzana.

La estructura da forma al contenido de igual modo que el contenido da forma a la estructura. Una planta baja diáfana permite la conexión entre la calle y el jardín del patio. Las medianeras contienen los espacios servidores del edificio, de modo que la zona central de las plantas es suficientemente flexible y diáfana como para albergar en cada planta los espacios obligados por la normativa y los programas funcionales de diferente naturaleza.

This building contains various local infrastructures and services — a library, a civic centre, a nursery and an auditorium — and is located on a plot in the Eixample district with two façades, one which overlooks the hustle and bustle of the street, and one which faces the domestic life of the block's interior patio.

The structure shapes the building's contents, while the contents, in turn, shape the structure. An open-plan ground floor creates the connection between the street and the block's inner patio garden. The party walls contain the building's service spaces, so the central area on each floor is sufficiently flexible and open-plan to house the spaces required by law and the various different functional programmes.

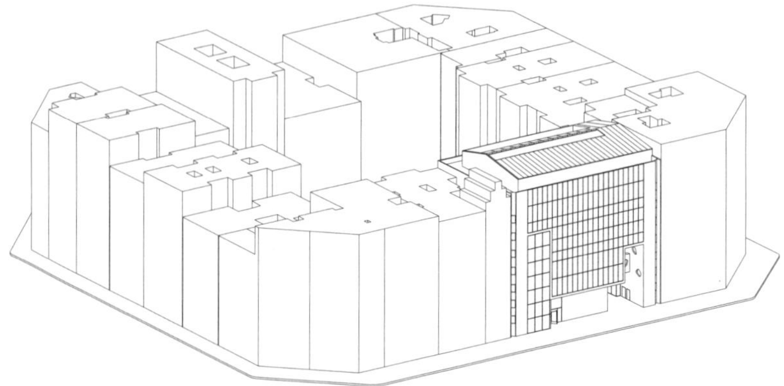

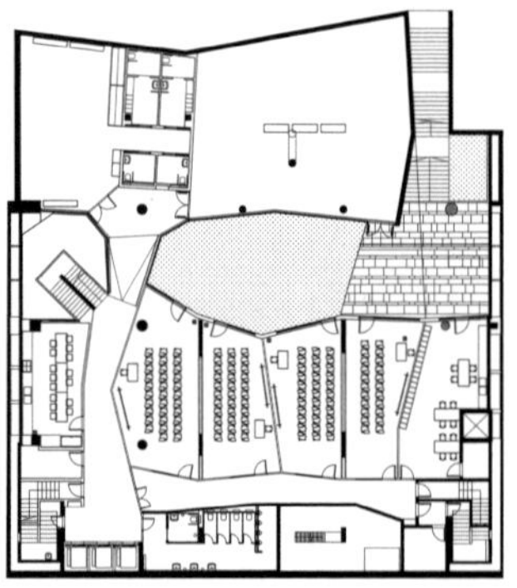

Sótano Basement
Centro cívico Civic centre

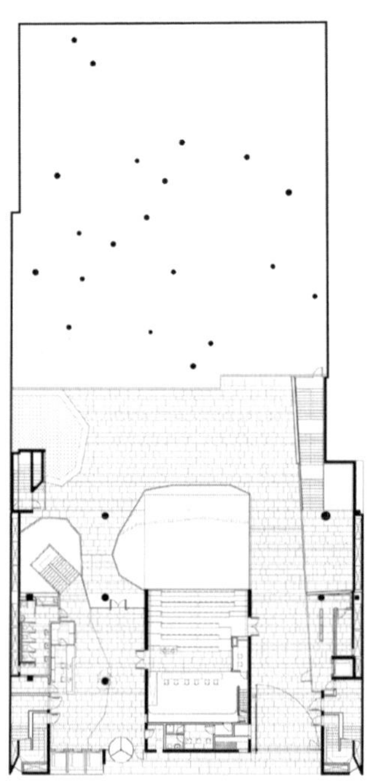

Planta baja Ground floor
Acceso al auditorio Access to the auditorium

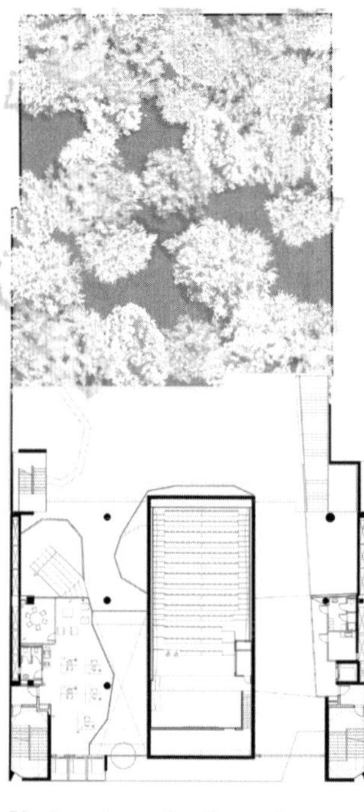

Planta entresuelo Mezzanine
Administración Administration

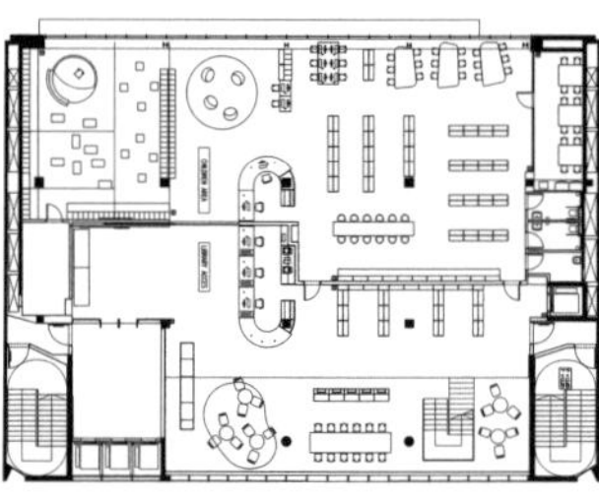

Planta tercera Third floor
Biblioteca Library

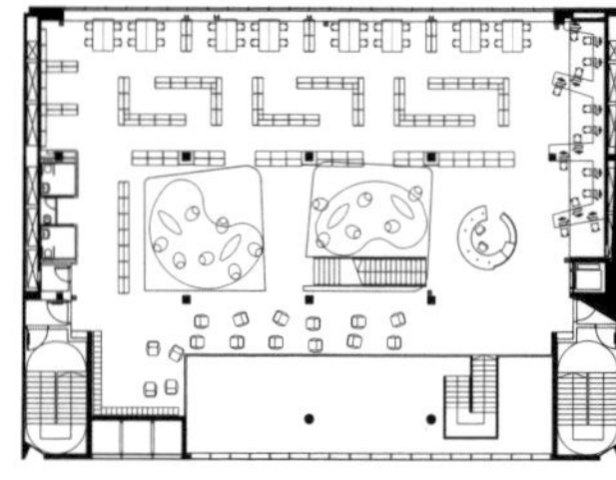

Planta cuarta Fourth floor
Biblioteca Library

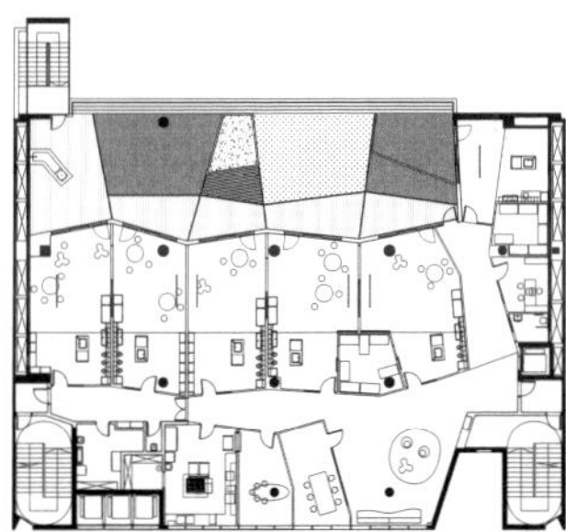

Planta primera First floor
Escuela infantil Pre-school

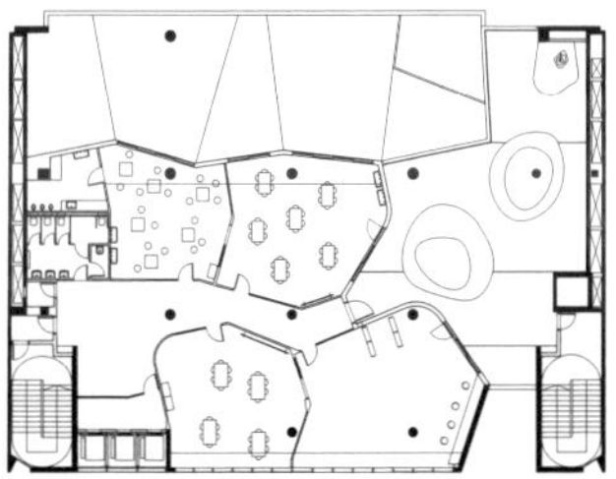

Planta segunda Second floor
Ludoteca Play centre

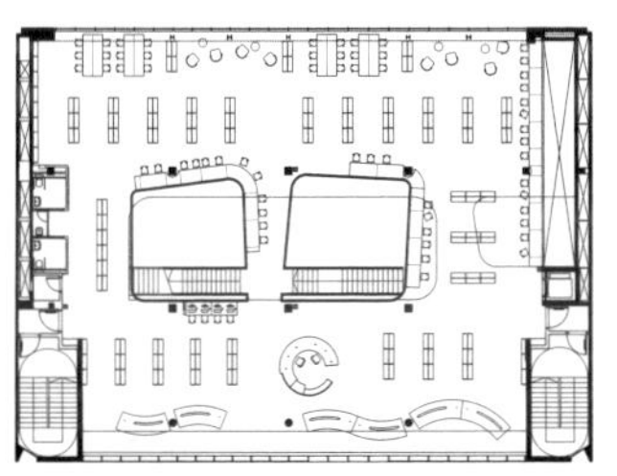

Planta quinta Fifth floor
Biblioteca Library

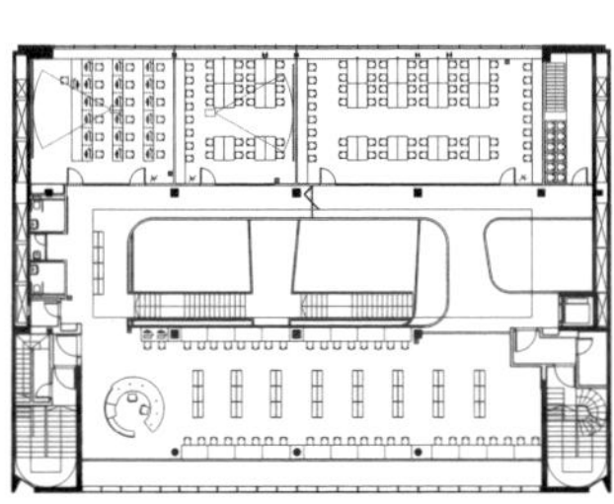

Planta sexta Sixth floor
Biblioteca Library

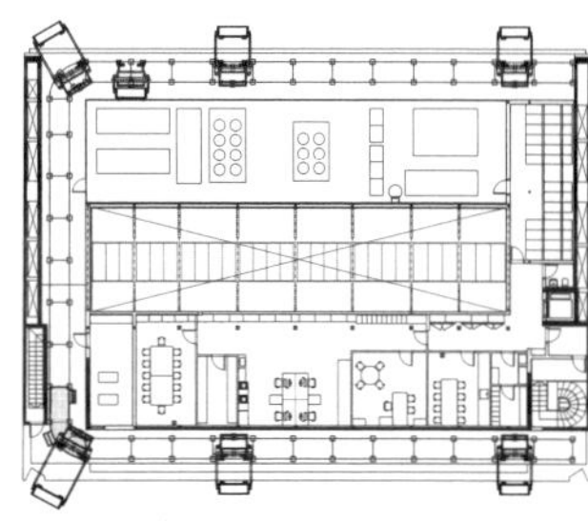

Planta séptima Seventh floor
Oficinas de la biblioteca Library offices

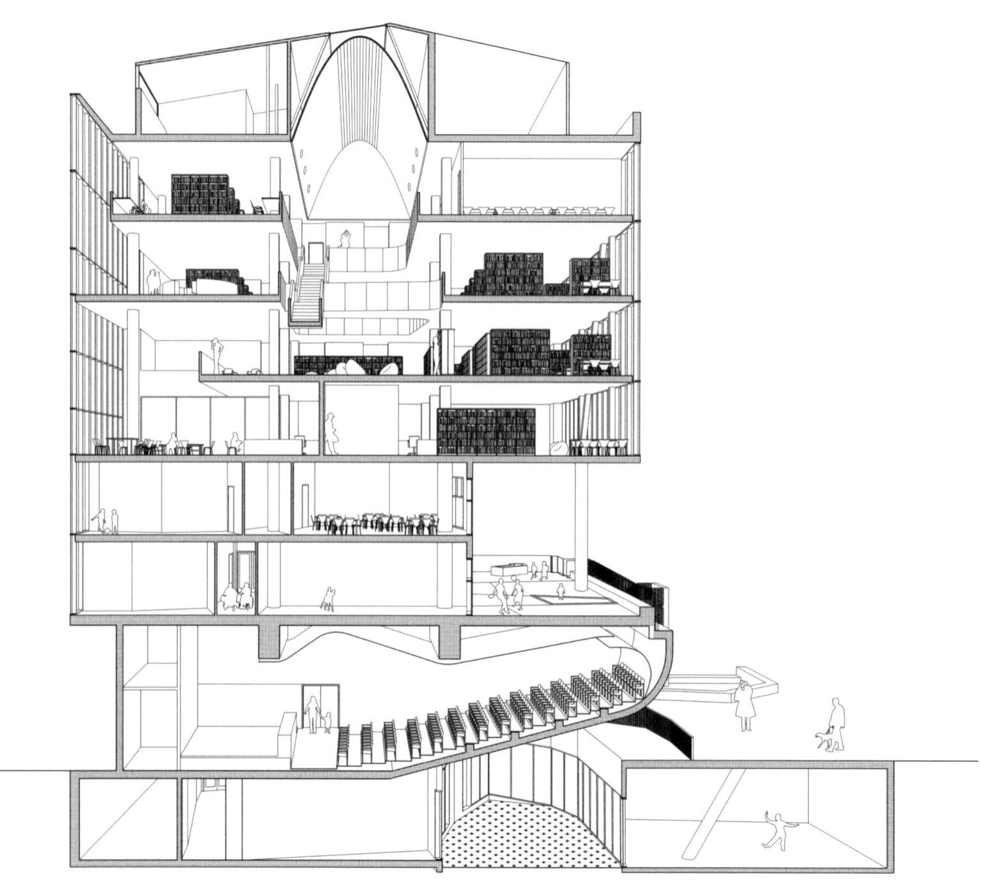

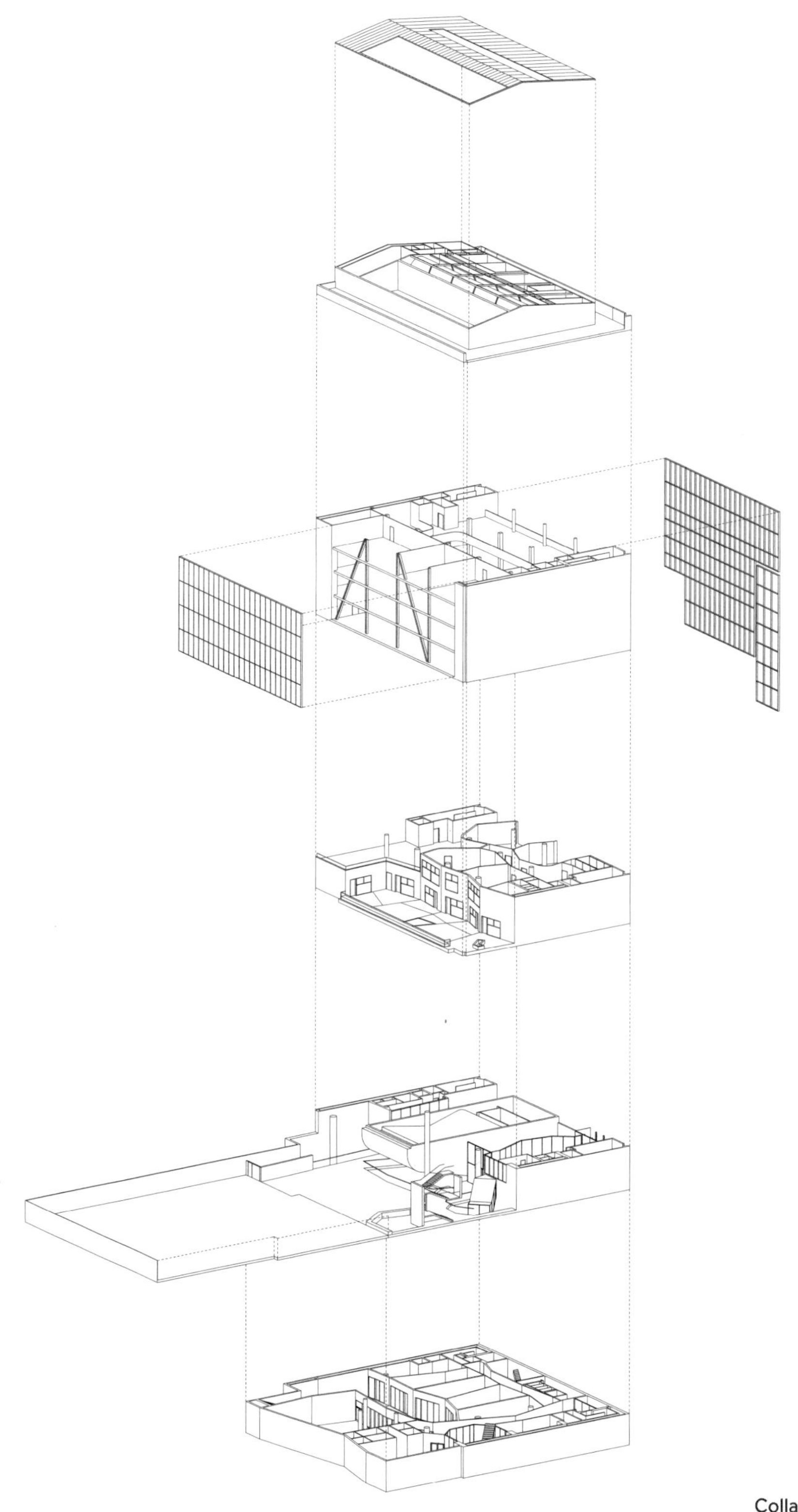

auditori
informació

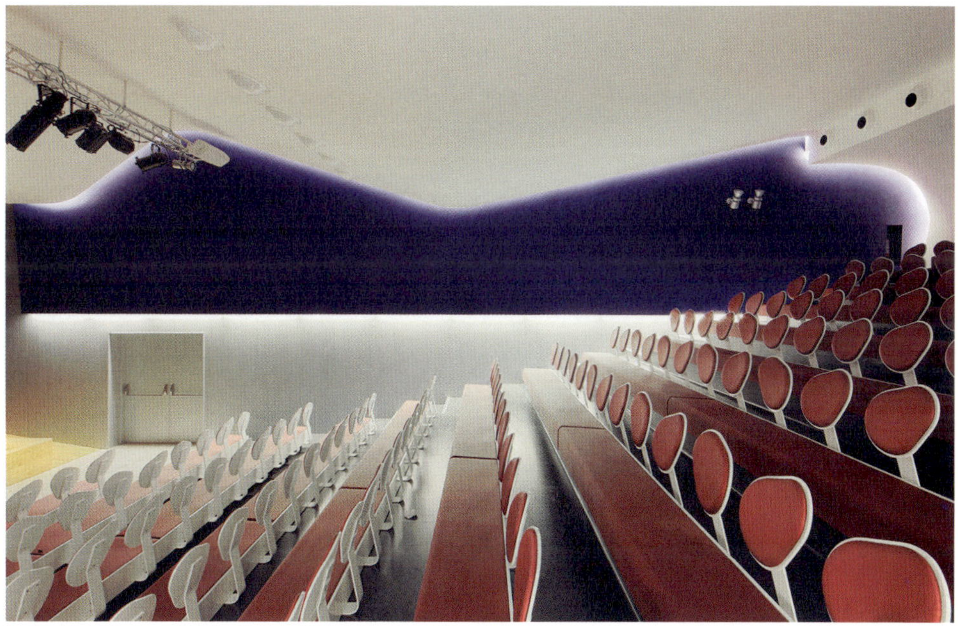

internet i catàleg
premsa

suport
suport

Bodega
Winery

Mont-ras (Girona), 2014-2015

La bodega se ubica en la parte superior de un terreno de pendiente homogénea, junto a una masía existente. El paisaje es de una belleza y una fragilidad extraordinarias, de modo que este podía quedar dañado si se alteraban algunos de sus elementos o se añadían otros.

Se decidió colocar el nuevo edificio bajo rasante para preservar las vistas hacia el paisaje desde la masía y evitar así que el ruido del interior de las naves pudiera perturbar el silencio del lugar.

Las geometrías de los ábsides del románico, los bajos de la casa Casacuberta, de Joan Rubió i Bellver, y las bodegas tradicionales fueron referencias importantes en la búsqueda de una solución constructiva del proyecto. Los materiales debían tener alguna relación con el lugar: ladrillo, tierra y hormigón. La forma abovedada de los muros de contención y de la cubierta del proyecto remiten a las referencias antes mencionadas. Desde un punto de vista técnico, la geometría de los elementos estructurales no solo resuelve el proyecto desde un punto de vista constructivo, sino que otorga carácter a los espacios interiores al tiempo que permite la entrada de luz natural en el encuentro entre los muros de contención y las bóvedas de la cubierta.

The winery is located in the upper part of a terrain on a constant slope, next to an existing country house. The landscape is both extraordinarily beautiful and fragile; it was vulnerable to being damaged if its core elements were altered, or if others were added on.

The decision was made to place the new building below ground level, in order to preserve the country house's views of the landscape and thus prevent the noise from inside the units shattering the silence of the estate.

The geometries of Romanic apses, the ground floor of Joan Rubió i Bellver's Casacuberta House, and traditional wineries were all key references when coming up with a constructive solution for this project. The construction materials needed to be linked somehow with the place: brick, soil and concrete. The vaulted shape of both the perimeter walls and the project's roof make reference to the aforementioned inspirations. From a technical point of view, the geometry of the structural elements not only resolved the project in terms of the construction, but it also gave character to the indoor spaces. Furthermore, this design let natural light into the space where the perimeter walls and roof vaults come together.

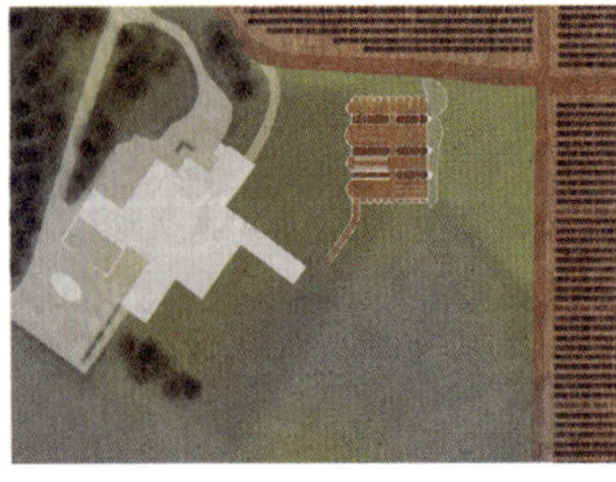

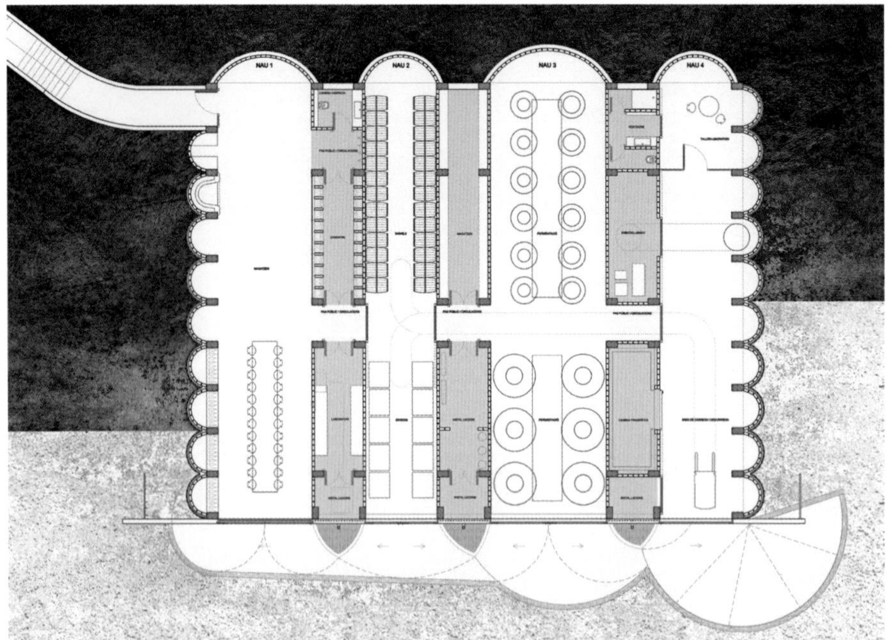

Planta baja Ground floor

Sección transversal Cross-section

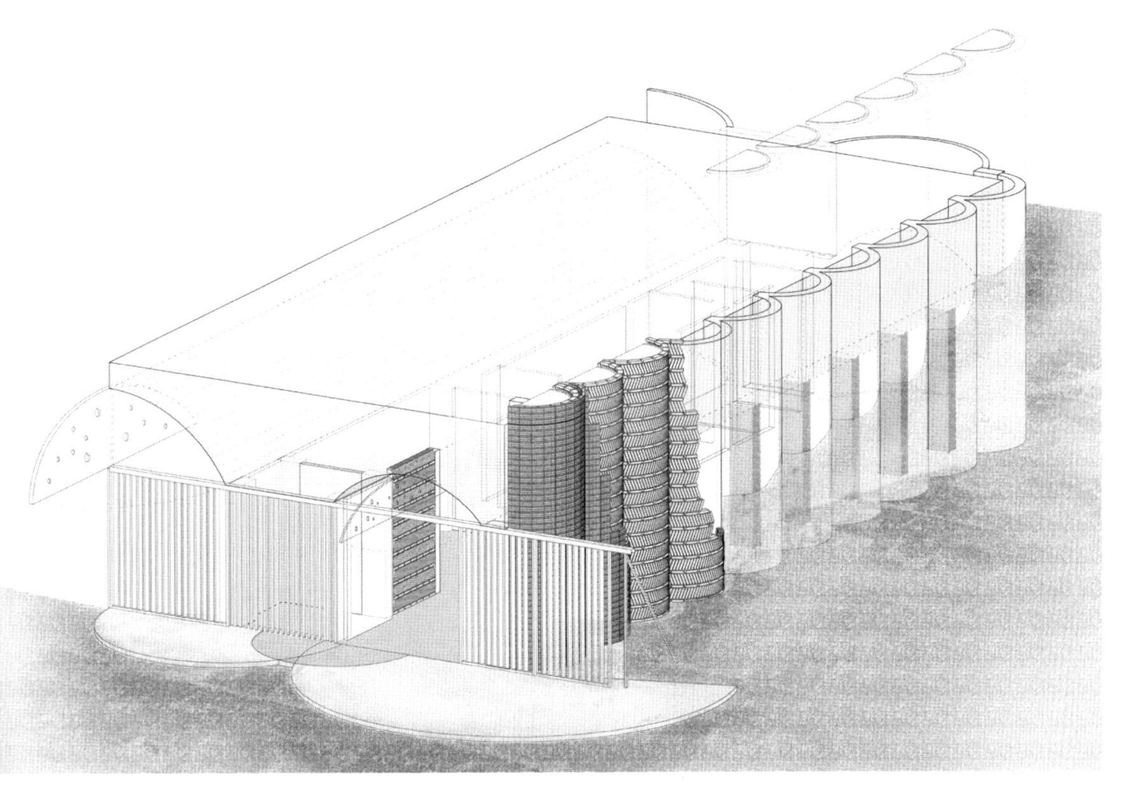

TOSCANA INOX

Parque Campus Audiovisual
Audiovisual Campus Park

Barcelona, 2010-2012

A finales de la década de 1990, recibimos el encargo de un parque y una subcentral eléctrica para la zona del 22@, el distrito tecnológico de Barcelona que, por aquel entonces, pretendía transformar el barrio del Poblenou. En una primera fase se construyó la subcentral eléctrica y en 2018 se decidió ejecutar la segunda fase, el parque.

La ambigüedad del parque es una de sus principales características. Se proyectó para servir como plaza pública, pero también como jardín mediterráneo. Frente a la claridad y la rectitud de la trama del Eixample, las curvas de las jardineras del parque difuminan los límites de sus áreas interiores y suprimen las jerarquías espaciales entre las zonas de descanso más íntimas y la plaza central, que, además, cuenta con la presencia de la escultura *Himne, mite i Paradís,* de la artista Susana Solano.

In the late 1990s, we received a commission to create a park and electric substation for the 22@ area, the tech district of Barcelona which, back then, was seeking to transform the Poblenou neighbourhood. In that first phase, the electric substation was built. Later, in 2018, the second phase—to build a park—got the green light.

The park's ambiguity is one of its main characteristics, and it was designed to serve as a public square, but also as a Mediterranean garden. As opposed to the clarity and strict grid pattern of the Eixample district, the curves of the park's planters blur the edges of its interior areas, eliminating thus the spatial hierarchies between the private spaces and the central section of the park. The sculpture *Himne, mite i Paradís*, by the artist Susana Solano, is also on display here.

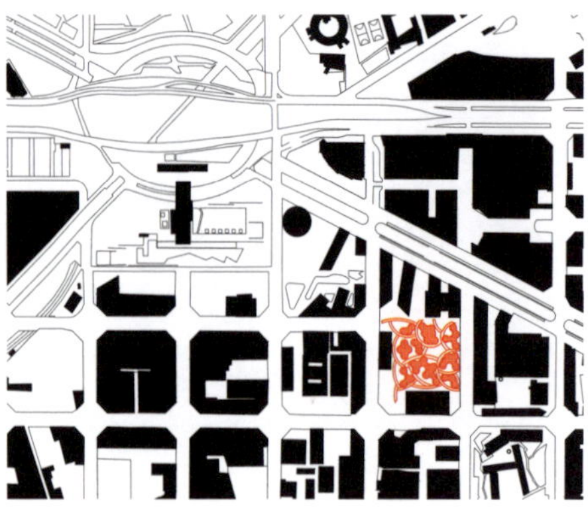

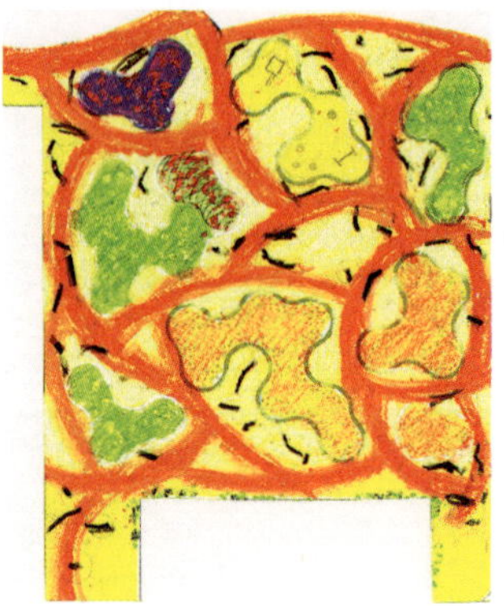

Los muros de piedra en seco de Ibiza

A principios de la década de 1960, Ibiza todavía conservaba la tradición de una cultura arcaica que se había preservado a través de siglos de aislamiento del mundo exterior. Asimismo, la isla recibía con escepticismo y curiosidad la llegada de las primeras tribus urbanas. A partir de entonces, Ibiza se sometió a un proceso de transformación, lento pero continuado, para absorber la masa turística que crecía año tras año.

El abandono de las tierras de cultivo y la presión inmobiliaria dejaron parcialmente en desuso la trama territorial de antiguos caminos, lindes, bancales y escorrentías de agua, todos ellos construidos con el trabajo y la sabiduría de muchas generaciones. La falta de un proyecto que supiera valorar este pasado y que pudiera extraer las lecciones de una tradición milenaria para adaptarse a una construcción frágil provocó el desgarro de esta cultura llena de soluciones de mucho atractivo estético y arquitectónico.

El muro de piedra en seco era el elemento ordenador de todo el territorio, una escritura de un paisaje que, con un lenguaje propio, todavía hoy define su identidad. La distribución y su forma son el resultado de la observación de la topografía, el suelo, la orografía y el movimiento de personas y animales: bancales para la contención de la tierra, canalizaciones para dar salida al agua y caminos para llegar a cualquier propiedad. En su centro se ubica la casa, junto a otras construcciones para los animales, el carro y los almacenes. Esa densidad constructiva se diluye en los límites y, sin solución de continuidad, se confunde con las propiedades vecinas. El trabajo acumulado de muchas generaciones nos ha dejado un espacio humanizado: la relación entre idea y materia, entre muro y piedra, y entre piedra y ser humano. Esto es lo que queda, todavía, de la isla de Ibiza y de su cultura.

En la actualidad, una mirada sobre lo construido nos muestra dispersión urbana y edificaciones aisladas sin relación entre ellas, situadas en lugares estratégicos para disfrutar de las mejores vistas. El espacio rural que lo abarcaba todo ha cedido ante las nuevas infraestructuras y edificaciones. Esto fragmenta e imposibilita reconocer la fractura, mientras mantiene una actitud absentista frente a los problemas que se señalan e impiden la buena implantación en el terreno. La falta de comunicación entre lo nuevo y lo viejo es un hecho real que adolece de una absoluta falta de visión, donde los límites, antaño tan cuidadosamente tratados, son espacios residuales, mal utilizados, donde se coloca todo aquello que no es deseable. Se agrede violentamente en lugares donde se debería ser sensible. Teniendo en cuenta que lo nuevo siempre es más fuerte que lo viejo, será necesario que las leyes protejan y estimulen aquello que todavía queda para evitar su destrucción.

¿Qué es lo que necesitamos proteger? Cientos de kilómetros de muros de piedra en seco que, con su geometría, dan forma al territorio y que, con sabiduría y esfuerzo, se han construido desde la lógica de la necesidad. Delimitan escorrentías de agua, topografía y cultivos, caminos y propiedades. Son las cicatrices y las marcas de tiempos ancestrales, la memoria densa de los sufrimientos y de las alegrías de vivir de y en la tierra. Este es el paisaje que, ahora fragmentado, deberemos recuperar; el paisaje hacia el que mostrar sensibilidad.

Necesitamos una nueva mirada vigorosa sobre el territorio para poder percibir un nuevo paisaje pacificado y reconciliado, un paisaje armonioso que no precise de vallas para ocultar la basura que hay fuera.

No hay otra salida.

Publicado en *La Vanguardia* (suplemento *Culturas*), Barcelona, 4 de julio de 2012.

The Dry Stone Walls in Ibiza

In the early 1960s, Ibiza still conserved the tradition of an archaic culture, one which had survived due to centuries of its being cut off from the outside world. Thus, the island received the first urban tribes with both scepticism and curiosity. From then on, Ibiza started to undergo a slow but constant transformation process, in order to absorb the mass tourism that was growing, year on year.

The abandonment of farmlands, as well as the pressure from property developers, meant that the territorial network of old roads, boundaries, terraces and water runoffs—all built with the work and wisdom of many generations—fell partially into disuse. The absence of a project that might have safeguarded this heritage, and that could have passed on some of the lessons from that age-old tradition (while taking on board and looking after this fragile construction work), led to the demise of this culture, despite all its solutions of great aesthetic and architectural appeal.

The dry stone walls were used to divide up and organise the whole territory, forming a writing upon the landscape that, in its own language, still defines its identity today. Their distribution and form are the result of observing the topography, the soil, the orography and the movement of people and animals: terraces to contain the land, channels to move water and roads to reach any property. In the middle of the plot would be the house, alongside other buildings for the animals, the cart and the storehouses; this constructive density gets blurred at the edges and, with no solution for continuity, it blends in with the neighbouring properties. The accumulated work, over many generations, has left behind a humanised space: this can be seen in the relationship between idea and matter, between wall and stone, and between stone and human being. This is what remains, to this day, of the island of Ibiza and its culture.

If we look at the current buildings, we see urban dispersion and isolated constructions with no relationship between them, strategically located to get the best views. The rural space, which used to encompass everything, has given way to new infrastructures and buildings, fragmenting the land while also covering up the resulting breakdown. The highlighted problems thus get ignored, making it hard for new buildings to take to the terrain. The lack of communication between the new and the old is a reality, and it is addressed with an utter lack of vision: the borders and edges, which used to be looked after with great care, are now subordinate spaces, used badly, where all the undesirable elements are shoved. These are acts of violence, against places which should be treated with far greater sensitivity. Bearing in mind that the new is always stronger than the old, there should be laws to protect and reinvigorate everything that still remains from days gone by, in order to prevent its destruction.

What needs to be protected? The hundreds of kilometres of dry stone walls which, with their geometry, shape the territory and which, with great knowledge and effort, were built out of logic and necessity. They delimit water runoffs, topography and farmland, roads and properties. They are the scars and marks of times past, the dense memory of all the suffering and joy of living from and on the land. This is the landscape, now fragmented, that we should recover and treat with care.

We need to take a bold new approach to the territory so that we might eventually see a newly reconciled landscape, at peace and in harmony, which does not require any fences to cover up all the rubbish being dumped out there.

There's no other way to do it.

Published in *La Vanguardia* (*Culturas* supplement), Barcelona, July 4, 2012.

Casa unifamiliar
Single-family house

Ibiza, 2010

La casa se encuentra ubicada en unos antiguos bancales con algarrobos. A partir de una lectura del plano topográfico, se planteó una construcción de unos muros que seguían las curvas de nivel, de modo que el proyecto se adaptaba a la topografía de muros y bancales existentes.

This house is located upon some ancient terraces with carab trees. Following an analysis of the topographical plane, a construction was designed with walls that followed the direction of the terrain's contours, in such a way that the project adapted to the topography of the existing walls and terraces.

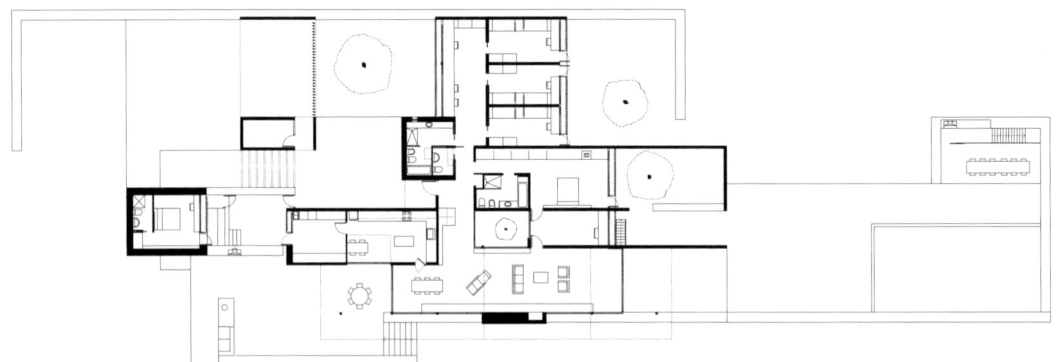

Planta baja Ground floor

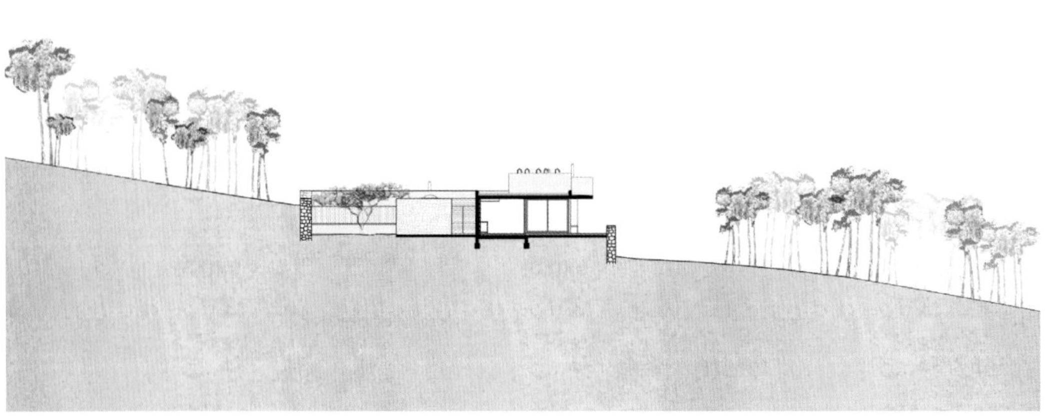

Sección Section

Casas unifamiliares Roques Males
Roques Males single-family houses

Sant Josep de sa Talaia (Ibiza), 2016-2019

Hay tipologías que se van repitiendo a lo largo de la historia de la arquitectura; una de ellas es la del edificio tapiz. Este proyecto de quince casas unifamiliares es un edificio tapiz ubicado en una ladera con vistas a la isla de Conejera.

La elección de la tipología permitía encajar el programa funcional en la pendiente, de modo que la relación entre los espacios domésticos y comunitarios estuviese mediada a partir de elementos intersticiales —callejuelas, porches y pérgolas, tal como ocurre en los pueblos tradicionales de las costas del Mediterráneo—, al tiempo que todas las viviendas podían disfrutar de las vistas hacia el horizonte marítimo.

There are typologies that are repeated again and again throughout the history of architecture, and one of them is the "mat building". This project, featuring fifteen single-family homes, is a mat building located on a hillside, with views of the island of Conejera.

Choosing this particular typology meant that the functional areas could be located within the slope of the hillside, in such a way that the relationship between the domestic and community spaces could be mediated via interstitial spaces, i.e. alleyways, porches and trellis areas, just like in the traditional towns along the Mediterranean coast. This also meant that all the houses could enjoy sea views.

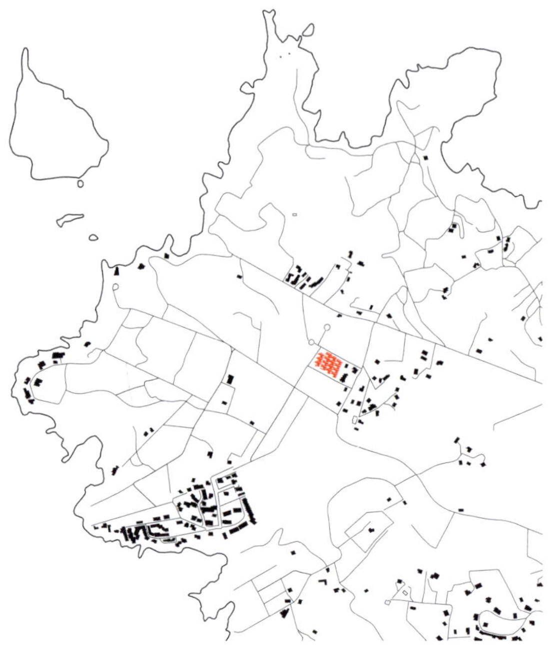

Planta baja del conjunto   Ground floor of the complex

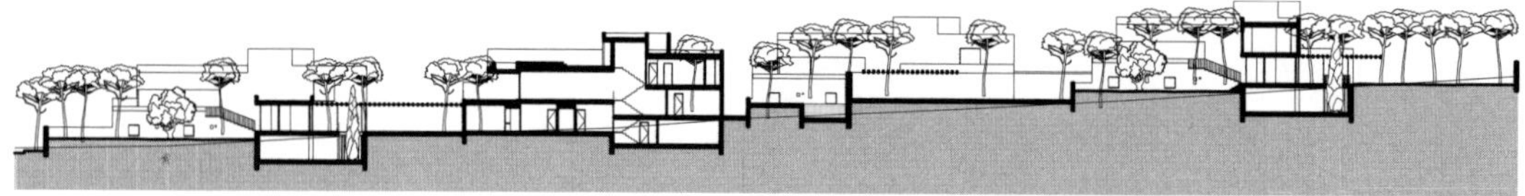

Sección   Section

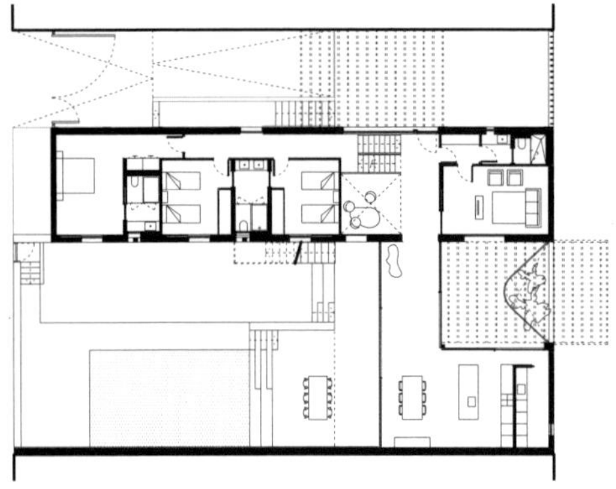

Planta baja **Ground floor**

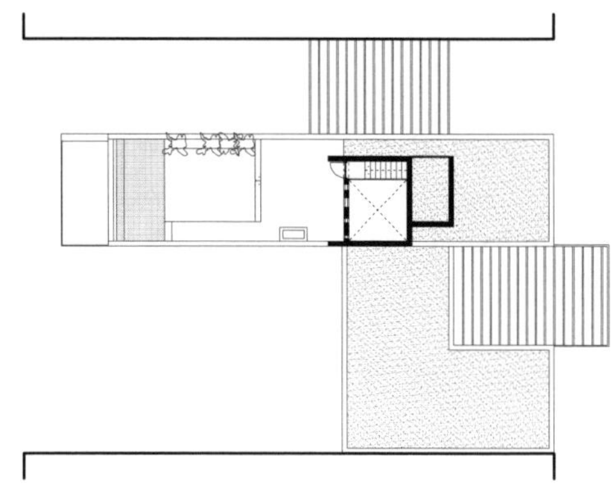

Planta primera **Fisrt floor**

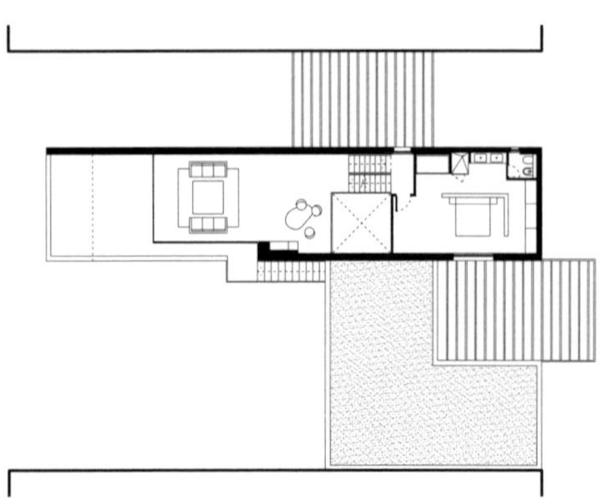

Planta de cubiertas **Roof floor**

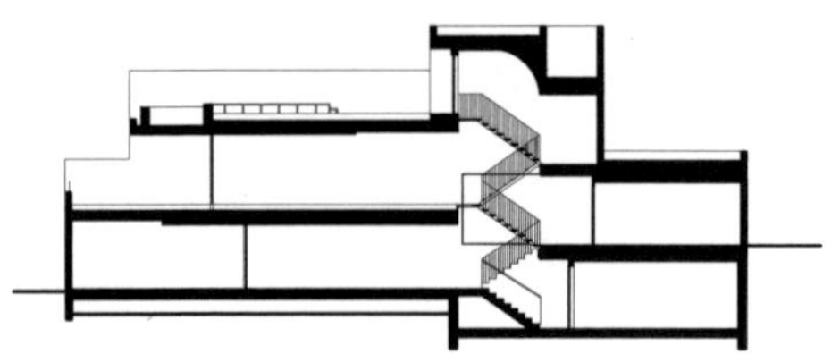

Sección longitudinal **Longitudinal section**

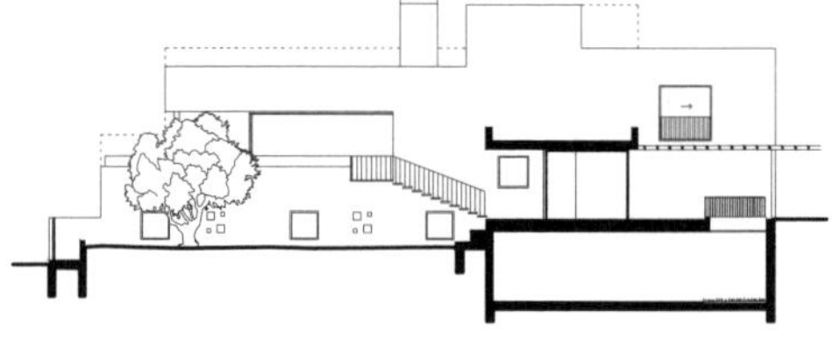

Alzado **Elevation**

Ampliación de hotel rural
Rural hotel extension

Santa Eulària des Riu (Ibiza), 2010-2019

El programa funcional consistía en la ampliación de un hotel rural existente con una serie de pabellones que albergan nueve habitaciones para huéspedes. La finca donde se ubica el hotel está dedicada en su totalidad al cultivo de naranjas y es de una belleza extraordinaria debido a sus flores, colores y aromas.

En el subsuelo, el hallazgo de unos restos arqueológicos de una antigua villa fenicio-romana obligó a realizar prospecciones del terreno que provocaron la reubicación de uno de los módulos de habitaciones y la museificación de los descubrimientos.

Se optó por una agregación (aparentemente) aleatoria de los nuevos pabellones para disponer de cierta flexibilidad en su distribución respecto a los restos arqueológicos y, al mismo tiempo, para asegurar que quedaran integrados y respetaran el jardín de frutales.

Por último, se aprovechó la cubierta de los pabellones como espacio exterior y solario desde el que poder divisar el horizonte por encima de las copas de los naranjos.

The functional brief was to extend an existing rural hotel, by adding on a series of pavilions that would house nine new guest rooms. The estate where the hotel is located is completely dedicated to orange-growing: it is an extraordinarily beautiful place, due to its flowers, colours and aromas.

In the undersoil, the discovery of archaeological remains, of a Phoenician-style villa from Ancient Rome, meant that exploratory work had to be carried out on the terrain. This led to one of the room modules being moved elsewhere, and the museification of the archaeological remains.

The new pavilions were added on in a (seemingly) random way, to add a certain flexibility in terms of their layout, given the archaeological findings. This also meant that they could be well-integrated, and respectful of the existing orange grove.

Finally, the pavilions' roof space was designed as an outdoor area and solarium, a place to contemplate the horizon over the orange trees.

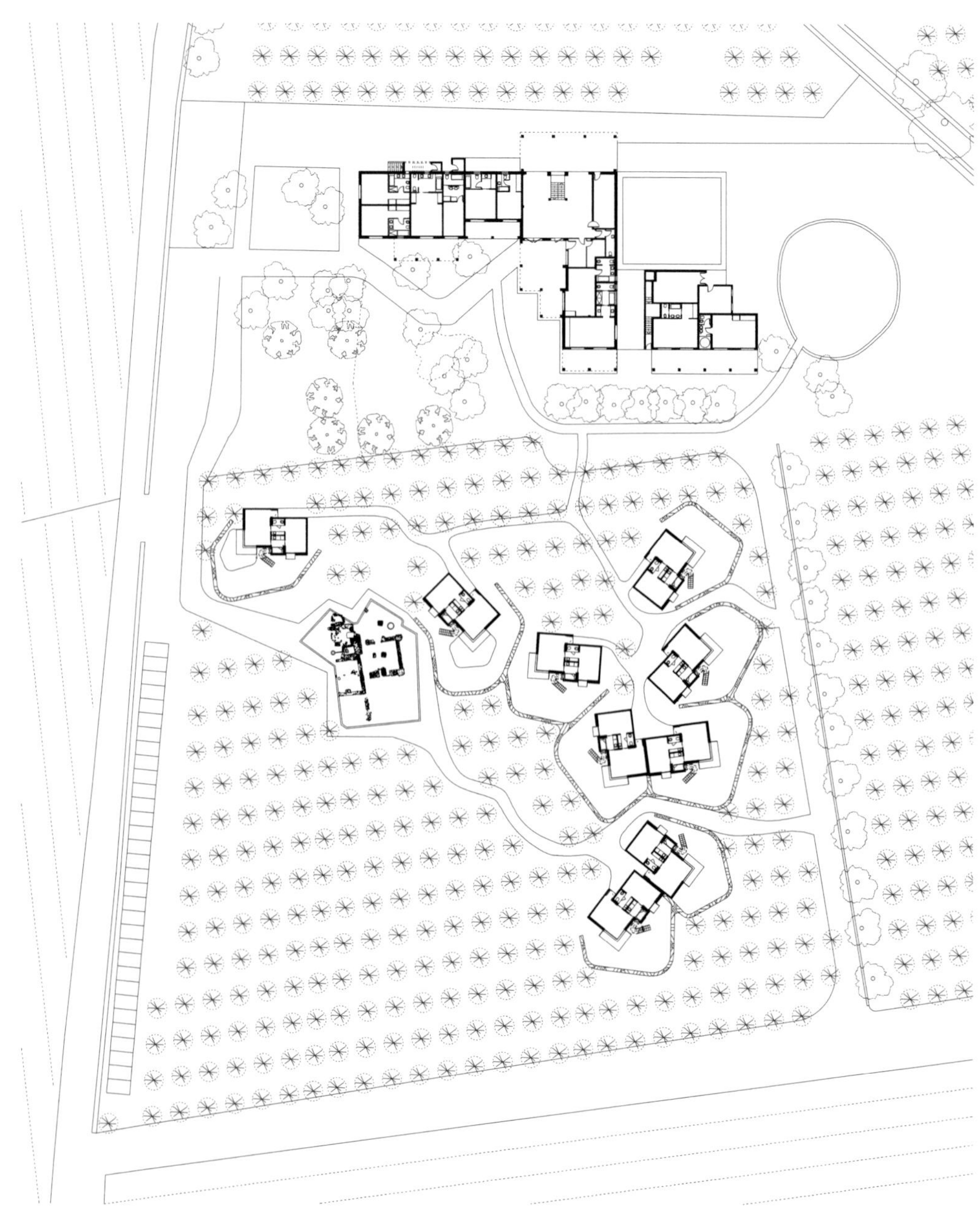
0 1
10 m

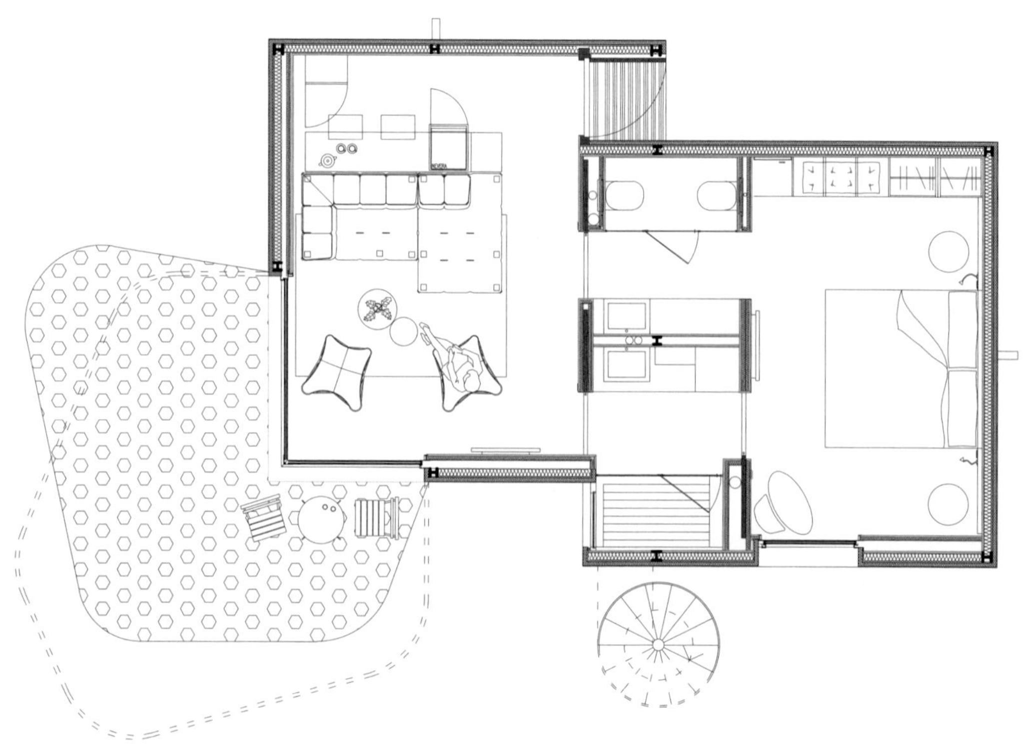

0 1 2 m

El hotel del siglo XXI

Es probable que la mayoría de los lectores de este texto no quieran pasar una noche en un hotel construido en nuestras costas en la década de 1960, por dos motivos. En primer lugar, porque, junto con otras construcciones, este tipo de hoteles ha sido responsable de la destrucción de nuestro paisaje —que seremos incapaces de reconstruir—, lo que da pruebas del nivel de sus promotores-propietarios y de su visión del futuro, tanto para ellos como para sus sucesores. En segundo lugar, porque en su mayor parte se trata de edificios vulgares, sin futuro, mal construidos, fruto de la ignorancia de un par de espabilados que confunden su capricho con el deseo de la clientela. Todos estos hoteles no se ven, ni de lejos, en el resto de Europa, donde el control social y administrativo está a otro nivel.

¿Qué es un hotel?

Trataré de hacer algunas reflexiones en torno a los hoteles medios y su territorio, pues son los que tienen unas expectativas transformadoras más interesantes.

Un hotel es un establecimiento público que da acogida, en un territorio determinado y durante un tiempo limitado, tanto a viajeros como a turistas.

Un viajero es alguien que desea tener relaciones —culturales, artísticas, económicas, administrativas, etc.— con gente de otros territorios; viaja en cualquier época del año, no necesita que haga buen tiempo, ni sol ni playa.

Un turista es una persona que quiere descansar de su trabajo, por lo general, monótono, y no tiene especial necesidad de establecer nuevas relaciones. Quiere llevarse alguna anécdota a casa, eso sí, para contarla en sus futuras noches de aburrimiento; un turista solo puede viajar durante las vacaciones del trabajo.

Un territorio es una extensión de tierra con una lengua y con una memoria de trabajo, luchas, costumbres y heridas cuyos poetas son capaces de narrar mediante sus propios códigos (en las Islas Baleares, desde Ramon Llull a Marià Villangómez; los artistas lo hacen a través de imágenes, desde Hermenegildo Anglada Camarasa a Narcís Puget). El territorio se convierte poco a poco en paisaje a través de estas reflexiones.

En un territorio determinado, nada puede desligarse de lo construido. Todo forma parte del paisaje. Este hecho nos hace pensar que, en la actual crisis, muchos edificios que han sido abandonados por sus deficiencias y por su obsolescencia funcional tendrán que derribarse, guste o no. De lo contrario, la degradación afectará a las áreas funcionales sanas, como ya ocurre en la actualidad (Detroit sería su paradigma). Lo bueno de este hecho es que, con previsión, podremos reconstruir paisajes maltrechos, siempre y cuando sepamos describirlos.

Los promotores privados de hoteles y otros negocios creen que un territorio funciona mejor si se elimina de él todo aquello que nos ha dejado la historia y que molesta: muros, caminos, bancales... Cosas de otro tiempo. Urbanizar, parcelar, asfaltar, poner aceras y farolas: así tratan el territorio de esta forma homogeneizadora, desde los Pirineos hasta Tarifa. Si desaparece la memoria del territorio, ya no necesitamos ni poetas, ni artistas, ni lengua. Para pedir una *pizza* basta con hacer señas.

Los promotores intuyen que su oferta necesita un paisaje, pero muchos —la mayoría— nunca han creído formar parte de él, y cuando se juntan cientos de ellos (aunque a veces basta con uno), el paisaje desaparece, y creen resolver esta contradicción con zonas de protección del paisaje, como sucede en las reservas indias de Estados Unidos. Al ir por la carretera, una señal con una máquina de fotos nos avisa de que podemos pararnos para llevarnos el recuerdo virtual de un fragmento protegido de un antiguo paisaje reducido a una "instantánea".

The 21st-Century Hotel

Most readers of this text would probably prefer not to spend a night in a hotel built somewhere along the Spanish coast in the 1960s, for two reasons. Firstly, these kinds of hotels (along with other constructions) have destroyed our landscape, which we will never be able to rebuild. This alone speaks volumes about the standards of the developers and landowners, and their vision for the future, both for themselves and for their successors. Secondly, most of these buildings are vulgar, irredeemable, shoddily constructed: they are the result of the ignorance of a few chancers who confuse their own whims with what customers really want. Hotels like this are nowhere to be found, at all, in the rest of Europe, where there is a higher degree of social and administrative control.

What is a hotel?
I'll try to offer some reflections on average hotels and their territory, since they're the ones with the most interesting transformative expectations.

A hotel is a public establishment that accommodates, in a specific territory and for a limited time, both travellers and tourists.

A traveller is someone who seeks to forge relationships—be they cultural, artistic, economic, administrative, etc.—with people from other places; travellers usually travel all year round, so they do not require good weather, nor sunshine, nor a beach.

A tourist is a person who wants to take a break from their work, which is generally monotonous, and they have no particular need to form new relationships. They do, however, want to go back home with a few anecdotes, to be able to recount them on those dull future nights; tourists can only travel when they are granted time off from work.

A territory is a stretch of land with a language and with a memory of the labour, struggles, customs and wounds which, with the help of its poets, can be narrated in that language (on the Balearic Islands, for example, they've had poets like Ramon Llull and Marià Villangómez; artists, meanwhile, do the same but with images, from Hermenegildo Anglada Camarasa to Narcís Puget). Territory gradually becomes landscape, by means of these reflections.

In a given territory, everything is irrevocably connected to what has been built there. Everything forms part of the landscape. This fact makes us think that, in the present crisis, many buildings that have been abandoned due to their faults and their functional obsolescence will have to be demolished, whether we like it or not. Otherwise, their ongoing degradation will go on to affect the healthy, functioning areas, as happens currently (Detroit is the prime example of such a reality). The good thing about this is that, with sufficient foresight, we will be able to reconstruct depleted landscapes, as long as we can describe them.

The private developers of hotels and other businesses think that a territory functions better if all the irritating traces of history are wiped out: thus, they get rid of walls, roads, terraces, and so on. Things from another age. Urbanise, partition, tarmac, pavements and streetlights: they treat the territory in this homogenising way, from the Pyrenees down to Tarifa. But if the memory of the territory disappears, then we no longer need poets, or artists, or language. To order a pizza, you could just make a gesture with your hands.

Developers realise that their product needs a landscape, but many—most of them—have never realised that they actually form part of this landscape. So, when hundreds of these establishments (or sometimes even just one is enough) are lined up together, the landscape vanishes, and they somehow think they can solve this contradiction by setting up protected areas, such as the Indian reservations in the

Pero ¿cómo debe ser el hotel del siglo XXI? Como una ciudad en miniatura. Un hotel se estructura organizando el espacio privado, el espacio público y las actividades. Los nuevos hoteles de tamaño medio deben incorporar actividades nuevas y viejas, algunas en el espacio privado y otras, arrinconadas en los últimos años por ser improductivas, en el espacio público.

Si pensamos en las viejas películas en blanco y negro, recordaremos escenarios en los que el hotel es un lugar maravilloso de relaciones y conflictos, un lugar de cultura, activo, lleno de misterio, donde suceden acontecimientos de todo tipo, y divertido. Esto nos gusta.

La habitación del hotel no puede seguir proponiéndose como un dormitorio con baño. El ordenador desplaza al mobiliario y será el origen de un nuevo concepto de habitación: un espacio para dormir, trabajar, jugar, escribir y recibir a los amigos. Se podrá vivir un tiempo y recordarlo. La habitación debe ser recordada.

En 1952, Le Corbusier se construyó para sí mismo una cabaña de dieciséis metros cuadrados junto al mar: el Cabanon, un espacio cápsula para trabajar y dormir, cuya parte posterior daba directamente al chiringuito de un amigo suyo. Este es un prototipo perfectamente asimilable en la habitación del hotel actual.

El mobiliario debe poder moverse. Jean Nouvel lo ha hecho con gran éxito en The Hotel, en Lucerna, donde los armarios giran y el huésped organiza su habitación. El baño debe deconstruirse. La cadena hotelera Ocean Group está construyendo un hotel en Port Portals en el que, para disfrutar de las excelentes vistas, la ducha ocupa una parte sobrante de la antigua terraza; el lavamanos forma parte directamente de la habitación, haciéndola más espaciosa, y el área pública, o noble, es una sola que incluye vestíbulo, recepción, comedor, bar y salón, diferenciados por elementos móviles y siguiendo el modelo de los Starbucks, que mezclan zonas de mesas con sillones y sofás. En esta zona pública se podrán realizar reuniones y actividades culturales, cenas o tomar una copa. Se trata de un gran espacio, proyectado como un híbrido, que tiene en cuenta todas estas funciones, diferenciadas espacialmente por su movilidad o por sus características, mezclando sillas, sillones, mesas altas o bajas.

Estos intereses tendrán que promoverse, fomentarse y diversificarse en los campos de la música, el arte, la literatura, el interés por la naturaleza, etc., que serán importantes para el territorio y sus gentes. No se necesitan grandes inventos, pero sí claridad en las ideas. Por otra parte, la política de personal no podrá basarse en camareros no especializados con contratos de seis meses. La especialización debe incluir también tanto a la dirección como a quienes participan en la creación y puesta en marcha de las nuevas instalaciones.

Publicado en *Ara*, Barcelona, 16 de enero de 2014.

United States. When driving along the road, a sign with a camera on it informs us that we can stop to take a virtual souvenir of a protected fragment of an ancient landscape, which is now reduced to a "snapshot".

But what should the 21st-century hotel be like? It should be like a miniature city. A hotel is structured by arranging the private space, public space and activities. New, medium-sized hotels should incorporate both new and old activities, i.e. some activities in the private space, and others—which have been edged out in recent years due to the fact they are unproductive—in the public space.

If we think about the old black-and-white films, we will recall scenes in which the hotel is depicted as a marvellous place of relationships and conflicts, a place of culture, active and full of mystery, where all kinds of things happen: it's a fun place to be. We like this.

The concept of a hotel room needs to move on from being just a bedroom with a bathroom. The computer now takes precedence over the furniture, and this will be the starting point for a new hotel room concept: it becomes a space for sleeping, working, playing, writing and welcoming friends. You'll be able to live there for a while, and actually remember your stay. The room should be remembered.

In 1952, Le Corbusier built himself a 16-metre-square cabin, by the sea. This was the Cabanon, a capsule space for working and sleeping, the back of which directly looked over his friend's beach bar. This prototype could perfectly be applied to the hotel room of today.

The furniture should be moveable. Jean Nouvel has managed this successfully at The Hotel, in Lucerne, where the wardrobes can rotate and the guests can lay out their own room however they like. The bathroom must be deconstructed. The hotel chain Ocean Group is building a hotel at Port Portals in which, in order to enjoy the superb views, the shower takes up the surplus space on the old terrace, while the sink is built into the bedroom itself, freeing up space. Furthermore, there is a single main public area that includes the foyer, reception, dining room, bar and lounge, which are separated by mobile elements, much like the Starbucks model, where the table sections are mixed together with armchairs and sofas. In this public area, meetings and cultural activities can take place, as well as dinner or just drinks. It is a large space, designed as a hybrid, and it can host functions that are separated spatially, given the room's own mobility or characteristics, i.e. its combination of chairs and armchairs, high and low tables.

These interests would also have to be promoted, fostered and diversified within the fields of music, art, literature, nature projects, and so on, i.e. matters that will be important to the given territory and its people. There is no need for great inventions, but there must be clarity in the ideas. This means that, for example, staff policies cannot depend on non-specialised waiters with six-month contracts. Specialisation should apply to both the management level and also those who participate in the actual creation and implementation of the new facilities.

Published in *Ara*, Barcelona, January 16, 2014.

Reforma y ampliación del Hotel OD Talamanca
Refurbishment and extension of Hotel OD Talamanca

Talamanca (Ibiza), 2014-2017

Ubicado en Cap Martinet (Ibiza), este proyecto es la reforma de un hotel de planta baja, cinco niveles y dos semisótanos, así como su ampliación con un nuevo edificio ubicado a diez metros del anterior por razones de la normativa urbanística. Resultado de este condicionante, el nuevo volumen se pensó como un pabellón cuya arquitectura contrastara con la original: en contraposición a la ortogonalidad de las fachadas de hotel previo, las del nuevo pabellón están construidas con geometrías y materiales orgánicos (madera y cerámica).

En el estudio de la sección se decide lo más importante: situar el acceso y las zonas comunes en el primer semisótano, aprovechando el desnivel existente de seis metros y propiciando la relación entre la calle, las zonas públicas y sus espacios exteriores. Con este gesto se consiguió ver el jardín y el horizonte del mar desde la calle a través de una planta de acceso completamente diáfana.

Located in Cap Martinet (Ibiza), this project is the refurbishment of a hotel with a ground floor, five levels and two semibasements. There is also an extension, with a new construction placed ten metres from the existing one due to building regulations. As a result of this constraint, the new building was thought of as a pavilion, the architecture of which would contrast with that of the existing building. Unlike the orthogonality of the existing hotel's façades, for the new pavilion they would be made of organic materials (i.e. wood and ceramics) in organic geometries.

In the cross-section study, the most important decision was made: the entrance and common areas would be located in the first semibasement. This way, the project could take advantage of the existing six-metre difference in levels, and forge a relationship between the street, the public areas and their outdoor spaces. With this gesture, the garden and sea view could be seen from the street, through the completely open-plan access floor.

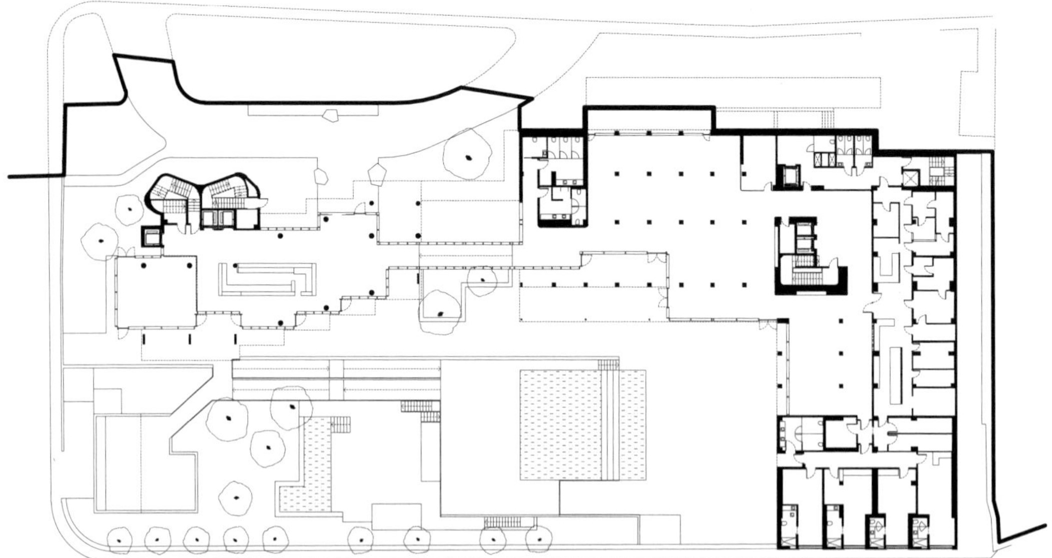

Planta baja Ground floor

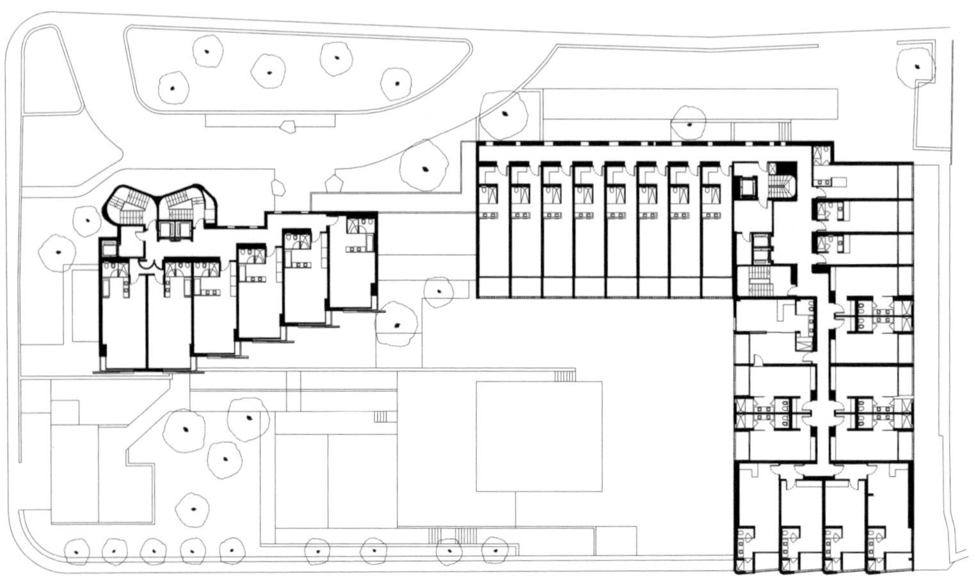

Planta tipo Typical floorplan

0 1 10 m

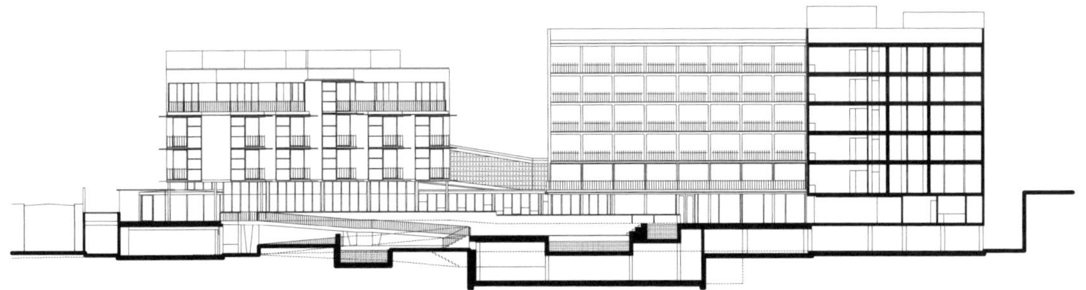

Alzado sur South elevation

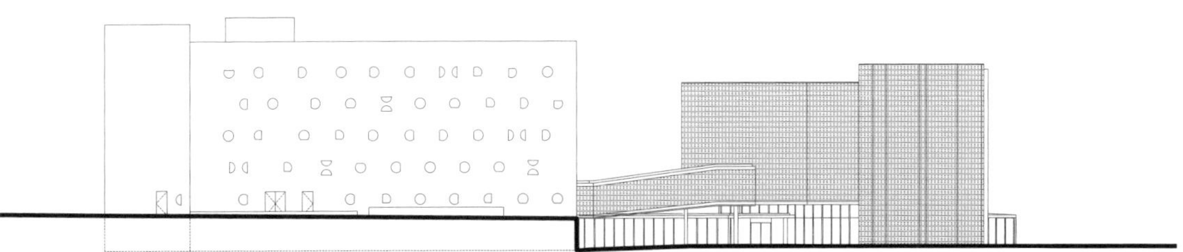

Alzado norte North elevation

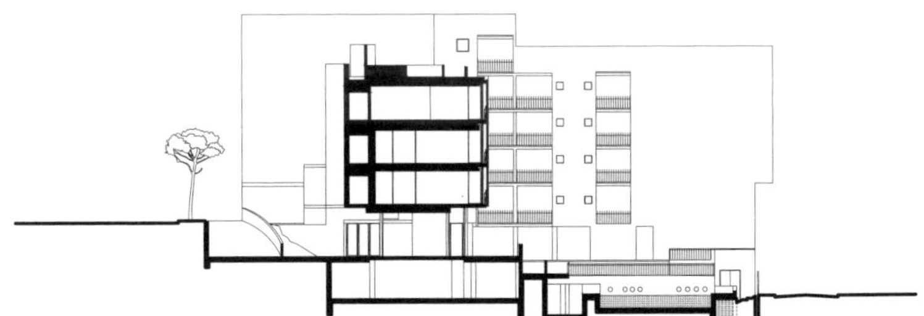

Sección transversal Cross-section

od·hotels
8716 JPS
od·hotels
od·hotels.com

od smart
‹ Private Parking

od talamanca

Reforma del Hotel OD Port Portals
Refurbishment of Hotel OD Port Portals

Port Portals (Mallorca), 2012-2014

El proyecto tiene como objetivo principal ofrecer al visitante un espacio evocador de la sensualidad del Mediterráneo a partir de la elección de materiales producidos en la propia isla de Mallorca, el uso de colores cálidos y el blanco de la cal. Los espacios grandes y generosos se combinan con la domesticidad de lo pequeño. La ruptura de la monotonía, especialmente en las fachadas exteriores e interiores, ofrece una variación rica en matices de luces y sombras.

La habitación de hotel se ha deconstruido, en el sentido de que el baño no forma un núcleo aparte dentro la habitación, como sucede en una distribución clásica, sino que todos los elementos están situados en el mejor espacio posible.

Todo ello construye la atmósfera adecuada para sentirnos en un lugar específico: Mallorca. Las motivaciones fundamentales del proyecto son conseguir que los huéspedes del hotel tengan un recuerdo de un lugar exclusivo en el Mediterráneo.

The main objective of this project was to provide the visitor with a space that would evoke all the sensuality of the Mediterranean. This would be achieved via the use of materials produced on the island of Mallorca itself, as well as warm colours and the white of the limestone. The large, generous spaces are combined with the domesticity of smaller, intimate ones. The breaking of the monotony, especially on the exterior and interior façades, offers a degree of variation rich in nuances of light and shade.

The hotel room has been deconstructed, in the sense that the bathroom is not a separate hub within the room, as in the classic layout: instead, all the elements are located in the best possible space.

The aim of all this is to construct the ideal atmosphere, so that we feel like we could only possibly be in one specific place: Mallorca. The project's fundamental aims are to ensure that the hotel guests leave with a vivid memory of an exclusive place on the Mediterranean.

port portals

SAR

ortals
6227 HXY
od-hotels.com
6226 HXY
od-hotels.com

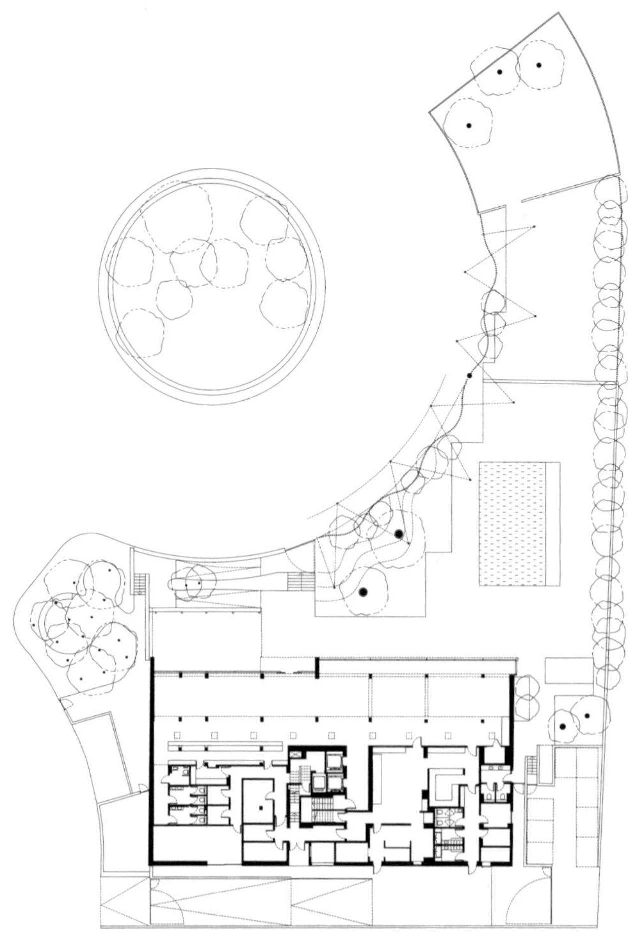

Planta baja Ground floor

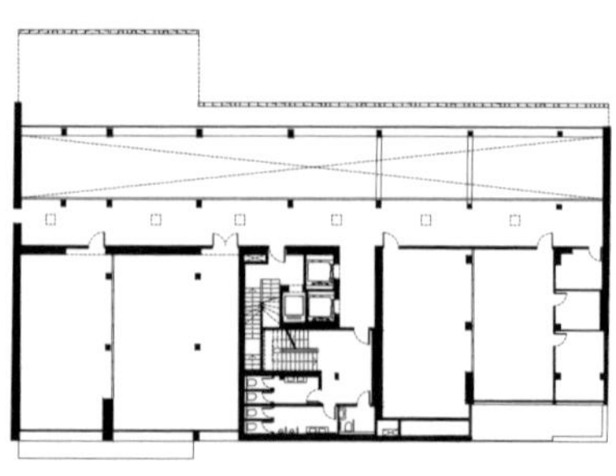

Planta entresuelo Mezzanine

Plantas 1-3 Floors 1-3

Plantas 4-5 Floors 4-5

0 1 10 m

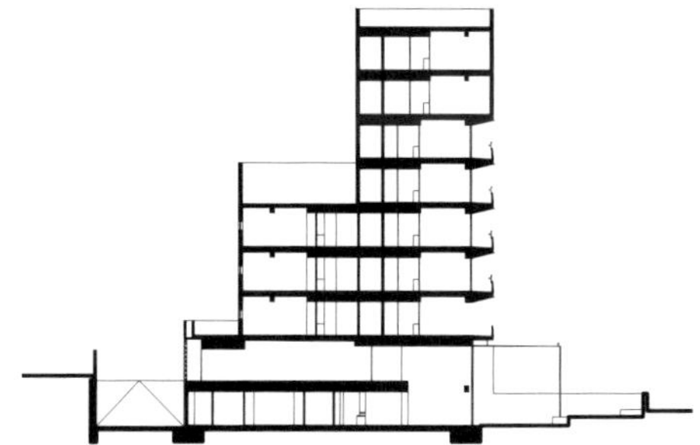

Sección transversal Cross-section

Alzados Elevations

port portals

Epílogo

Papel, lápiz, goma de borrar y doble decímetro

En las mesas de dibujo del estudio de José Antonio Coderch siempre debíamos tener hojas A4 de papel sulfurizado, lápiz de mina blanda HB, goma de borrar y un doble decímetro con el fin de disponer de forma inmediata los instrumentos necesarios para proyectar y corregir aquello que estábamos dibujando.

El papel sulfurizado para calcar debía resistir el borrado constante; el lápiz HB era necesario para dibujar a mano y poder borrar con facilidad; la goma de borrar, seguramente lo más importante, para eliminar todo vestigio de situaciones anteriores sin dejar rastro y evitar comparar las distintas propuestas, y el doble decímetro para obligar a dibujar sabiendo la medida de las cosas sin necesidad de utilizar el escalímetro.

Esos eran y son los instrumentos para proyectar que aprendí en el estudio de Coderch. Dibujar a mano y observar; esas serían las bases de mi oficio.

Una profesión es el trabajo que alguien ejerce provisto de un título académico y por el que recibe una retribución económica, mientras que un oficio artesanal o manual se basa en la tradición y la costumbre, y solo se accede a él mediante el aprendizaje en un taller o un estudio; la finalidad del oficio es la búsqueda de la perfección del objeto realizado a través del trabajo.

Los arquitectos pueden aprender el oficio practicando en un estudio, observando los gestos, las palabras y las experiencias vividas en el trabajo, y adquirir así la destreza para relacionar trabajo manual con conocimiento transmitido.

En la mano está la habilidad y en la cabeza, el conocimiento. Cuando el flujo entre ambas se convierte en algo natural, en algo instintivo, como quien juega a *ping-pong*, entonces uno está en condiciones de concebir proyectos. El nivel creativo dependerá de la habilidad y del conocimiento.

En su artículo "Rafael Moneo. Versos y oraciones de caminante", Josep Quetglas aborda la cuestión de la temporalidad, del pasado hecho presente en la tradición del artesano, y su contrario: el presente sin pasado, el presente que solo conoce el pasado como historia que saben los profesionales:

Epilogue

Paper, Pencil, Eraser and a Double Ruler

On the drawing tables at José Antonio Coderch's studio, we always had to have A4 sheets of tracing paper, a HB pencil, an eraser and a double-sided ruler. This way, we had immediate access to all the necessary instruments for designing and correcting whatever it was that we were drawing.

The tracing paper had to be strong enough to withstand constant rubbing-out; the HB sketching pencil had to be easily erasable. The eraser itself, undoubtedly the most important object, was for eliminating any and all signs of the previous design stages, leaving no traces behind, so that different ideas could not be compared. The double-sided ruler forced us to draw knowing the measurements of things without having to use the architect's scale.

Those were and are the drawing instruments that I learned to use in Coderch's studio. Sketching and observing: these are the foundations of my practice.

A profession is the work carried out by somebody with the relevant academic qualifications, work for which they receive financial retribution. A manual trade or craft, however, is based on tradition and custom, and its proponents must learn the necessary skills in a workshop or studio; those who work in manual trades seek to perfect the created object, by means of their labour.

Architects can learn the trade by working in a studio, observing the gestures, words and experiences on the job. This way, they acquire the ability to link manual work with formal, taught knowledge.

Skill is in the hand, and knowledge is in the head. Only when the two flow together naturally, instinctively, like a game of ping-pong, is one ready to create projects. The creative standard of the work will depend on both skill and knowledge.

In his article on Rafael Moneo, Josep Quetglas addresses the matter of temporality, of the past-made-present in the artisan tradition, and its opposite: a present without a past, a present that only knows of the past as history, as with professionals:

El pasado no tiene nada que ver con la historia. No debemos confundir el pasado con la historia. El oficio conoce el pasado; la profesión lee la historia [...].
El pasado forma parte de la vida de los oficios. La historia forma parte del aderezo cultural de las profesiones.[1]

Entendida así, la tradición es atemporal, es de todos los tiempos, como consecuencia de la ausencia de historia en ella. Su conocimiento proviene de las sabias experiencias de generaciones anteriores; cada generación es depositaria de la tradición y tiene el deber de mantenerla y transmitirla. No debemos obligar a que cada generación vuelva a inventar la rueda.

La tradición puede hacer suyos los nuevos sistemas constructivos, los nuevos usos, precisamente porque la tradición de un oficio es la de ser conscientes de los problemas a los que se enfrentaron las generaciones anteriores y cómo supieron darles respuesta con lo que tenían a su alcance. A partir de la tradición, la experimentación produce adaptaciones de modo acumulativo, deja de ser algo fijado en el tiempo para convertirse en una manera de hacer viva, en una sabiduría colectiva al servicio de las necesidades de una sociedad, es decir, pasa a ser ética.

Entiendo que, en arquitectura, la palabra *ética* precisa un comentario, pues cualquiera puede decir que su arquitectura está al servicio de la sociedad y es ética. En ese sentido, creo que lo más oportuno será recordar una respuesta de Coderch a una pregunta de Baltasar Porcel que, conociendo al personaje y su obra, puede darnos más luz sobre esta cuestión:

La arquitectura, ahora y aquí, presenta diversos caminos, y hay gente que trabaja bien, aunque, para mi gusto, demasiado cargada de teorías. Mucha palabrería estética y de "estar inmersos en los contextos sociales". *Me'n toca el nas!* [¡Me toca las narices!] Hay que realizarse en la tradición. ¡Ahí está la fuerza! Tradición y ética. Sin ello, no se puede hacer nada. Hay que huir de esas corrientes esterilizadoras y navegar a contracorriente. Un a contracorriente vivo, creador.[2]

Cuando estaba acabando de escribir estos comentarios sobre el oficio y la profesión, me surgió la duda de cómo deberíamos relacionarnos hoy con la tradición, y pensé en dos direcciones. La primera es aquello que sentimos de un lugar como hecho cultural y que nos conmueve. Para la segunda pensé en dos maestros: Álvaro Siza y Peter Zumthor, y recordé algo que había leído de este último:

> The past has nothing to do with history. We must not confuse the past with history. Trades know the past; professions read history [...].
> The past forms part of the life of the trades. History forms part of the cultural adornment of the professions.[1]

From this perspective, tradition is timeless, it belongs to all periods, due to the absence of history within it. Tradition-based knowledge is the result of the wise experiences of previous generations: each generation is the custodian of tradition, and must maintain it and pass it down. We must not force every generation to reinvent the wheel.

Tradition can appropriate the new construction systems, the new uses, precisely because the tradition of a trade is that of being aware of the problems that previous generations had to deal with, and how they solved them with the available means. By using tradition as a starting point, experimentation comes up with new adaptations, accumulatively; this way, tradition is no longer stuck in time, and instead becomes a way of keeping things alive. It turns into collective knowledge, to serve the needs of a society: in other words, preserving and updating tradition becomes the ethical thing to do.

I realise that, in architecture, the term "ethical" requires some explanation, because absolutely anybody can claim their architecture is at the service to society and is, thus, ethical. In this sense, I think it is worth remembering how José Antonio Coderch responded to a question from Baltasar Porcel; knowing Coderch's character and work, it might shed light on the issue:

> Architecture, in the here and now, has gone down many different routes, and there are some architects doing great work, even if it's a bit heavy on the theory for my liking. All this nonsense about aesthetics and being "immersed in social contexts". It gets on my nerves! Architecture has to proceed within the tradition. That's where its strength lies! Tradition and ethics. Without these, one can't do anything. One has to flee from those sterilising trends, and go against the current. Go against the current in a lively, creative way.[2]

Just as I was finishing these words about trades and professions, I began thinking about what kind of relationship we should have with tradition today, and I came up with two directions. The first is what we feel about a place as a cultural fact, and which moves us. For the second, I thought about two masters, Álvaro Siza and Peter Zumthor, and I remembered

> Pocos son los problemas arquitectónicos para los cuales no hayan sido halladas con anterioridad respuestas válidas [...].
> Si hago un análisis retrospectivo, he de decir que mi formación como proyectista me produce la impresión de algo ahistórico. Proyectar no es ningún proceso lineal que, partiendo de la historia de la arquitectura, conduzca de modo lógico y directo, por así decir, a un nuevo edificio [...]. Nada de lo que conozco parece casar con lo que quiero, y que aún no sé cómo debe ser. En tales situaciones, intento desprenderme de mi conocimiento arquitectónico académico, que, repentinamente, me deja paralizado.[3]

Teniendo en cuenta lo dicho, donde el oficio nace a partir de la tradición y el conocimiento adquirido, además de una metodología que parte de una técnica ya conocida, quiero hablar aquí de una bodega en Mont-ras (2014) que hice en colaboración con Jorge Vidal.

El proyecto ejemplifica cómo entiendo el compromiso con la arquitectura y su práctica. En este sentido, para mí es importante la interpretación que hago de la cultura mediterránea y su papel relevante en la relación entre espacio y materia, desde lo doméstico a lo público, y una economía de esfuerzo en la que el rigor creativo es la base del bienestar de las personas.

El programa de la bodega responde a la necesidad de la elaboración del vino y de conseguir una relación de proximidad con una masía existente. Se disponen cuatro naves con espacios de servicio intermedios que contienen las instalaciones: en la primera se almacenan los espacios útiles del desarrollo agrícola de las viñas, junto con los laboratorios, las zonas de embotellado y la cámara frigorífica; la segunda está destinada a las tinas de maceración del mosto; la tercera almacena durante largo tiempo las barricas y las botellas en reposo, y, por último, la cuarta está destinada al área de catas, disfrute y almacenaje de las botellas de descorche. El acceso desde la parte superior de la masía hacia la nave de catas se realiza a través de una escalera soterrada que organiza el recorrido de los propietarios. El acceso a las otras tres naves se efectúa directamente desde el viñedo.

Las condiciones climáticas son determinantes para una bodega, que exige una humedad del 65-75 %, una temperatura constante entre 15 y 17 °C, buena ventilación, iluminación tenue y materiales porosos que permitan que "respire".

Como respuesta a esas exigencias, los espacios y los materiales evocan la sensualidad propia de las bodegas tradicionales. En este caso, la utilización del ladrillo visto con sus juntas de mortero en los muros perimetrales permite que la tierra y la bodega respiren. Su cubierta ajardinada

something I'd read by the latter:

> There are basically only a very few architectural problems for which a valid solution has not already been found. [...]
> In retrospect, my education in design seems somewhat a-historical. [...] Architecture is, however, not a linear process that leads more or less logically and directly from architectural history to new buildings. [...] Nothing I can think of seems to tally with what I want and cannot yet envisage. At these moments, I try to shake off the academic knowledge of architecture I have acquired, because it has suddenly started to hold me back.[3]

Bearing all this mind, i.e. that the trade is born of tradition and acquired knowledge, as well as a methodology based on existing technical abilities, I would now like to talk about the winery in Mont-ras (2014) which I built in collaboration with Jorge Vidal.

This project exemplifies my own understanding of the architect's commitment to architecture and practice. In this sense, my own interpretation of Mediterranean culture is important to me, and the key role this culture plays in the relationship between space and matter, from the domestic to the public sphere. There is also an economy of effort in which creative rigour forms the basis of people's wellbeing.

The brief for the winery sets out the need to produce wine and to forge a close relationship with an existing farmhouse there. Four units are laid out with service spaces between them, containing the facilities: the first one houses the spaces used for the agricultural development of the vineyards, along with the laboratories, the bottling areas and the cool store; the second one is used for the must maceration vats; the third one stores the barrels and the bottles being aged, over long periods of time; and finally, the fourth one is used as a wine-tasting area, for leisure and for the storage of bottles for uncorking. Access from the upper part of the farmhouse to the tasting area goes via an underground staircase that structures the way around the house. The other three buildings are accessed directly from the vineyard.

The right climatic conditions are crucial for wineries. The humidity must be at 65-75%, and the temperature must remain stable, between 15 and 17°C. There has to be good ventilation, subdued lighting and porous materials that allow the winery to "breathe".

In response to these requirements, the spaces and materials evoke the kind of sensuality typical of traditional wineries. In this case, the exposed brickwork of the perimeter walls, with its mortar joints, lets both the land

transmite el peso de la tierra a unas bóvedas de hormigón. La plataforma superior se transforma en un captador y receptor de agua que se envía a un depósito para su posterior reutilización. La geometría de los muros de contención perimetrales facilita la descarga de los esfuerzos de compresión de la tierra; resueltos con bóvedas de ladrillo, colocado en vertical, permiten la entrada de luz cenital en todo el contorno.

La bodega se enterró para mantener un clima con una temperatura y humedad adecuados y crear la atmósfera acertada para sentir la presencia del vino a partir de la sensualidad de la forma, de sus materiales y de su iluminación. En ese sentido, la planta, sus galerías, la sección semienterrada, la calidez de los materiales y su integración con la tierra cultivada pretenden crear un lugar apto para la función exigida.

Participación en el seminario "Arquitectura e industria: profesión y oficio" organizado por la Fundación Arquitectura y Sociedad, Barcelona, 28 de noviembre de 2018.

---

[1] Quetglas, Josep, "Rafael Moneo. Versos y oraciones de caminante", en González de Canales, Francisco (ed.), *Consideraciones sobre la obra de Rafael Moneo*, Fundación Arquia, Madrid, 2019.

[2] Porcel, Baltasar, entrevista a José Antonio Coderch publicada en *Destino*, núm. 1563, Barcelona, junio de 1967.

[3] Zumthor, Peter, "Eine Anschauung der Dinge", *Architektur Denken*, Birkhäuser, Basilea, 2010 (versión castellana: "Una intuición de las cosas", en *Pensar la arquitectura*, Editorial Gustavo Gili, Barcelona, 2014, pág. 23).

and the winery breathe. The garden roof shifts the weight of the land onto concrete vaults. The upper platform is transformed in order to capture and receive water, which is then channelled into a tank to be reused later. The geometry of the perimeter containing walls facilitates the transfer of the compressive stresses of the earth: the vertical brick vaults let light in from above, all around the perimeter.

The winery is set underground in order to maintain a climate with suitable temperature and humidity conditions, and to create the right atmosphere so that the wine's presence could be felt in the very sensuality of the building's form, materials and lighting. In this sense, the ground plan, the galleries, the semi-sunken section, the warmth of the materials and their integration with the vineyard all seek to create a place perfectly suited to its required function.

Participation in the seminar "Architecture and Industry: Profession and Trade" organised by the Fundación Arquitectura y Sociedad, Barcelona, November 28, 2018.

---

[1] Quetglas, Josep, "Rafael Moneo. Versos y oraciones de caminante", in González de Canales, Francisco (ed.), *Consideraciones sobre la obra de Rafael Moneo*, Barcelona: Fundación Arquia, 2019.

[2] Porcel, Baltasar, interview with José Antonio Coderch. Published in *Destino*, no. 1563, Barcelona, June 1967.

[3] Zumthor, Peter, *Architektur Denken*, Basilea: Birkhäuser, 2010 (English translation: "A Way of Looking at Things", in *Thinking Architecture*, Basel: Birkhäuser, 2010, pp. 21-22).

Créditos de los proyectos
Projects credits

Ampliación de la biblioteca de la Facultad de Biología
Extension of the Biology Faculty Library

Emplazamiento Location Barcelona, España Spain
Arquitecto Architect Víctor Rahola Aguadé
Proyecto y construcción Design and construction years 2007-2008
Arquitecto técnico Quantity surveyor Salvador Soteras Gracia - Ardevol Associats
Instalaciones Building services JG Ingeniería
Estructuras Structural engineering BOMA SLP
Fotografías Photographs José Hevia

Ampliación y reforma de la Escuela de Hostelería y Turismo
Extension and refurbishment of Hospitality and Tourism School

Emplazamiento Location Cambrils (Tarragona), España Spain
Arquitecto Architect Víctor Rahola Aguadé
Proyecto y construcción Design and construction years 2005-2009
Arquitectos técnicos Quantity surveyor Joan Andreu, Laura López
Estructuras Structural engineering BOMA SLP
Fotografías Photographs José Hevia

Escuela infantil
Primary school

Emplazamiento Location Sant Josep de sa Talaia (Ibiza), España Spain
Arquitecto Architect Víctor Rahola Aguadé
Proyecto y construcción Design and construction years 2007-2009
Arquitecto técnico Quantity surveyor José María Prieto Olmedo
Instalaciones Building services Roig Marí Ingenieros SL
Estructuras Structural engineering Eskubi Turró Arq. Assoc.
Fotografías Photographs José Hevia

Edificio *collage*
Collage Building

Emplazamiento Location Barcelona, España Spain
Arquitectos Architects Víctor Rahola Aguadé, Jorge Vidal Tomás
Proyecto y construcción Design and construction years 2009-2011
Arquitectos técnicos Quantity surveyors Antonio Caballero, Julia Orfilia
Instalaciones Building services PGI Group
Estructuras Structural engineering BOMA SLP
Fotografías Photographs José Hevia

Bodega
Winery

Emplazamiento Location Mont-ras (Girona), España Spain
Arquitectos Architects Víctor Rahola Aguadé, Jorge Vidal Tomás
Proyecto y construcción Design and construction years 2014-2015
Arquitecto técnico Quantity surveyor Mario Barredo Rodríguez
Instalaciones Building services SERPA
Estructuras Structural engineering BOMA SLP
Fotografías Photographs José Hevia

Parque Campus Audiovisual
Audiovisual Campus Park

Emplazamiento Location Barcelona, España Spain
Arquitectos Architects Víctor Rahola Aguadé, Jorge Vidal Tomás
Proyecto y construcción Design and construction years 2010-2012
Arquitecto técnico Quantity surveyor Modest Mor
Instalaciones Building services PGI Group
Estructuras Structural engineering Eskubi Turró Arq. Assoc.
Fotografías Photographs José Hevia

Casa unifamiliar
Single-family house

Emplazamiento Location Ibiza, España Spain
Arquitecto Architect Víctor Rahola Aguadé
Proyecto y construcción Design and construction year 2010
Arquitecto técnico Quantity surveyor Jesús García
Interiorismo Interior design Mayte Matutes Juan
Instalaciones Building services Roig Marí Ingenieros SL
Estructuras Structural engineering Eskubi Turró Arq. Assoc.
Fotografías Photographs José Hevia

Casas unifamiliares Roques Males
Roques Males single-family houses

Emplazamiento Location Sant Josep de sa Talaia (Ibiza), España Spain
Arquitecto Architect Víctor Rahola Aguadé
Proyecto y construcción Design and construction years 2016-2019
Arquitecto técnico Quantity surveyor Joaquim Barrufet
Instalaciones Building services Roig Marí Ingenieros SL
Estructuras Structural engineering Cabezas, Góngora & Moreno SLP
Fotografías Photographs José Hevia

Ampliación de hotel rural
Rural hotel extension

Emplazamiento Location Santa Eulària des Riu (Ibiza), España Spain
Arquitecto Architect Víctor Rahola Aguadé, Jorge Vidal Tomás
Proyecto y construcción Design and construction years 2010-2019
Arquitectos técnicos Quantity surveyors Joaquim Barrufet, David Serrano
Interiorismo Interior design Andrea Vergés
Instalaciones Building services Roig Marí Ingenieros SL
Estructuras Structural engineering Cabezas, Góngora & Moreno SLP
Fotografías Photographs José Hevia

Reforma y ampliación del Hotel OD Talamanca
Refurbishment and extension of Hotel OD Talamanca

Emplazamiento Location Talamanca (Ibiza), España Spain
Arquitecto Architect Víctor Rahola Aguadé, Jorge Vidal Tomás
Proyecto y construcción Design and construction years 2014-2017
Arquitecto técnico Quantity surveyor Joaquim Barrufet
Interiorismo Interior design Mayte Matutes Juan
Instalaciones Building services Roig Marí Ingenieros SL
Estructuras Structural engineering Cabezas, Góngora & Moreno SLP
Fotografías Photographs José Hevia

Reforma y ampliación del Hotel OD Port Portals
Refurbishment and extension of Hotel OD Port Portals

Emplazamiento Location Port Portals (Mallorca), España Spain
Arquitecto Architect Víctor Rahola Aguadé, Jorge Vidal Tomás
Proyecto y construcción Design and construction years 2012-2014
Arquitecto técnico Quantity surveyor Joaquim Barrufet
Interiorismo Interior design Mayte Matutes Juan
Instalaciones Building services Humiclima, SA
Estructuras Structural engineering Cabezas, Góngora & Moreno SLP
Fotografías Photographs José Hevia

Distribution:

Germany, Austria, Switzerland
Buchhandlung Walther König
Ehrenstr. 4,
D - 50672 Köln
Fon +49 (0) 221 / 20 59 6 53
verlag@buchhandlung-walther-koenig.de

Unites States and Canada
D.A.P. / Distributed Art Publishers, Inc.
75 Broad Street, Suite 630
USA - New York, NY 10004
Fon +1 (0) 212 627 1999
orders@dapinc.com

Outside the United States and Canada, Germany, Austria and Switzerland by Thames & Hudson Ltd., London
www.thamesandhudson.com

Editor: Moisés Puente
Graphic design: RafamateoStudio
Coordinator: Joaquim Sellas
Translation and proofreading: George Hutton
Lithography: Rovira Digital, Barcelona
Printing: agpograf impressors, Barcelona

Printed in Spain
ISBN: 978-3-7533-0487-8

Verlag der Buchhandlung Walther und Franz König
Ehrenstrasse 4
D-50672 Köln
verlag@buchhandlung-walther-koenig.de